企业文化建设要素框架

周　斌　著

ZHEJIANG UNIVERSITY PRESS
浙江大学出版社

前言
Foreword

　　企业文化的兴起与发展引发了现代企业界一场意义深刻的革命。在现代企业生产经营活动中，由于生产过程的精细分工和社会化程度的提高，企业管理的难度增加了，原有的企业管理理论已经不能很好地满足现代企业管理实践提出的新要求。而企业文化理论又为管理科学注入了新的生命力，把管理理论推到一个新高度。在这样的背景下，与企业文化相关的著作纷纷得以出版。但总体来看，目前大部分企业文化方面的著作重理论轻实务，即使是实务方面的内容，也多缺乏对中国企业文化建设实践的提炼和创新。本书作者长期从事企业文化方面的理论研究和实践教学，也曾多次在企业的企业文化相关部门挂职锻炼。本书可以算是作者多年来从事企业文化研究与建设实践的一个小结。本书注重将企业文化的理论与建设实践相结合，由企业文化理论入手,着眼于企业文化建设实务,内容丰富,案例新颖,实用性强,适合高校企业管理类专业教师和一线企业文化工作者作教学、研究、参考之用。在撰写本书的过程中,作者参考了大量的相关文献,充分汲取了多方面资源,限于体例,未能一一说明,在此谨表示深深的歉意和谢意。由于作者知识和能力的局限,本书中的疏漏和错误在所难免,望广大读者不吝指正。

目录
Contents

第一章

企业文化建设要素框架概述

企业文化的兴起与发展引发了现代企业界一场意义深刻的革命。在现代企业生产经营活动中,由于生产过程的专业分工和社会化程度的提高,企业管理的难度增加了,原有的企业管理理论已经不能很好地满足现代企业管理实践提出的新要求。而企业文化理论又为管理科学注入了新的生命力,把管理理论推到一个新高度。在这样的背景下,研究、创建一个可参考、借鉴的企业文化建设要素框架具有一定的理论意义和现实意义。

第一节　研究背景

一、企业文化理论的兴起

第二次世界大战以后,美国一跃成为头号经济强国,而日本作为战败国,其政治、经济都受到了严重打击。1952 年,日本的国内生产总值只有约

173 亿美元,而美国则是 3457 亿美元;日本的人均国内生产总值只有 200 美元,而美国已达到 2194 美元。但是,自 20 世纪 60 年代,日本经济开始起飞,1980 年其国内生产总值高达 10300 亿美元,占世界生产总值的 8.6%。经过 20 余年的努力,日本不但赶上了大多数西方发达国家,而且一跃成为世界第二经济大国,创造了 20 世纪世界经济的一大奇迹。美国人在震惊之余开始思考:日本人为什么能在短时间内实现经济的恢复和崛起?美国的经济增长速度为什么会远远低于日本?20 世纪 80 年代初,美国派出了一个由社会学、心理学、文化学、管理学方面的专家学者组成的考察团到日本进行考察研究。

美国考察团的考察结果表明:日本人之所以如此成功,主要原因之一就在于他们能够在全国范围内维持一种十分强烈而又凝聚的文化。不仅是单个企业具有强烈的文化,而且企业界、银行界及政府之间在文化上的联系也是十分强有力的。这种文化后来被人们称作"企业文化"。

(一)西方学者关于企业文化的代表性表述

最早提出企业文化概念的是日裔美国学者威廉·大内(William Ouchi),他在 1981 年 4 月出版的《Z 理论——美国企业界怎样迎接日本的挑战》一书中写道:"一个公司的文化由其传统和风气所构成。此外,文化还包含一个公司的价值观,如进取性、守势、灵活性——确定活动、意见和行动模式的价值观。"

美国学者小罗伯特·H. 沃特曼(Robert H. Waterman)和托马斯·J. 彼得斯(Thomas J. Peters)在《成功之路——美国最佳管理企业的经验》一

书中把企业文化概括为"汲取传统文化精华,结合当代先进的思想与策略,为企业员工构建一套明确的价值观念和行为规范,创设一个优良的环境气氛,以帮助整体地、静悄悄地进行经营管理活动"。

美国学者特雷斯·E.迪尔(Terrence E. Deal)和阿伦·A.肯尼迪(Allan A. Kennedy)在《企业文化——现代企业的精神支柱》一书中,对企业文化阐述得更为详细:"每一个企业——事实上是每一个组织,都有一种文化,而这种文化有力地影响着整个组织及它所做的每一件事。"

可以看出,国外学者对企业文化所下的定义,主要是从观念形态上着眼的,多是以企业价值观体系为基础,以企业员工的群体意识为体现和反映,同时与企业的经营哲学、管理行为相联系。

(二)中国学者关于企业文化的代表性表述

"企业文化"相关理论传入我国后逐渐成为经济管理学界的热门话题。许多研究者在西方企业文化研究的基础上,提出了一些关于企业文化概念的见解和看法。

罗长海在《企业文化学》一书中指出:"企业文化是企业在各种活动及其结果中,所努力贯彻并实际体现出来的以文明取胜的群体竞争意识。"

刘光明在《企业文化》一书中指出:"企业文化是一种从事经济活动的组织之中形成的组织文化。它所包含的价值观念、行为准则等意识形态和物质形态均为该组织成员所共同认可。企业文化有广义和狭义之分,广义的企业文化是指企业物质文化、行为文化、精神文化的总和;狭义的企业文化是指以企业的价值观为核心的企业意识形态。"

综合以上表述,我们可以把企业文化的概念界定为:企业文化是企业在生产经营过程中逐步形成和培育起来的,具有本企业特色的价值观、经营管理理念、规章制度、组织结构、行为方式和物质载体等相关要素的集合体。

二、企业文化理论的发展

企业文化研究兴起时间不长,但其理论发展很快,研究者从不同的角度提出并阐明了企业文化的某些理论问题。以下为大家介绍几种具有代表性的企业文化理论。

(一)霍夫斯坦特的"文化四指标"说

1980 年,荷兰文化协作研究所所长吉尔特·霍夫斯坦特(Geert Hofstede)根据他对 40 个国家的企业工作人员所做的大量问卷调查,写作了《文化的结局》一书,提出了对企业管理会产生重大影响的文化差异的四个指标,即"接受权力差距的程度""防止不肯定性的迫切程度""个人主义与集体主义""男性化与女性化"。霍夫斯坦特认为,这四种文化指标或因素对管理中的领导方式、组织结构和激励内容会产生巨大影响。

首先,对企业领导方式影响最大的因素是"个人主义与集体主义"及"接受权力差距的程度"。霍氏认为,美国是个人主义程度很高的国家,因此美国的领导理论以领导者追求个人利益为基点;然而美国的领导理论并不适用于第三世界各国,因为这些国家大多是集体主义社会,职工关心群体,希望从群体中得到保障,并且愿意以对群体的忠诚为酬报。"接受权力差距的程度"直接影响到职工参与管理的实现情况。法国和比利时"接受权力差距的程度"很高,因此人民通常没有参与管理的要求,而美国"接受权力差距的程度"处于中间状态,因此企业中存在参与管理,但有一定的限度。

其次,对企业组织结构影响最大的因素是"接受权力差距的程度"和"防止不肯定性的迫切程度"。这是因为组织的主要功能就是分配权力及减少或消除经营中的不确定性。法国"接受权力差距的程度"较高,又迫切要求"防止不肯定性",因此倾向采用"金字塔"式的传统层次结构。德国虽有较为迫切的"防止不肯定性"的心理,但"接受权力差距的程度"较低,因此注重规章制度。美国、荷兰、瑞士等国"接受权力差距的程度"处于中间状态,因此在这些国家中,各种组织并存。

最后,对企业激励内容影响最大的因素是"个人主义与集体主义""防止不肯定性的迫切程度"和"男性化与女性化"。对于美国这样个人主义程度很高的国家,激励方法多从个人出发,以个人的自我实现和个人获得尊严作为激励的主要内容。而对于日本这样集体主义程度较高的国家,激励就需要着眼于个人与集体的关系,过分奖励个人往往行不通。美国人倾向"男性化",所以适于把承担风险、进取获胜作为激励的内容。日本和法国虽然也倾向"男性化",但"防止不肯定性"的心理较为迫切,因此分配无危险、安全度高的工作岗位就成了激励因素。荷兰和北欧各国的价值观倾向"女性化","防止不肯定性"的心理又较为迫切,因此应以维护良好的人际关系作为激励因素。

（二）特雷斯·E.迪尔和阿伦·A.肯尼迪的"企业文化五因素"说

美国哈佛大学教育研究院的教授特雷斯·E.迪尔和著名的麦肯锡管理咨询公司的专家阿伦·A.肯尼迪于1981年7月出版的《企业文化——现代企业的精神支柱》一书，是企业文化理论诞生的标志性著作。他们认为，企业文化是由企业环境、价值观、英雄人物、习俗与仪式、文化网络这五个因素构成。

对于怎样塑造一个丰富而优秀的价值观体系，迪尔和肯尼迪提出了两点：第一，企业的价值观不能凭空捏造，而是对企业长期实践的经验的概括，是企业职工在特定的经济环境中进行尝试后知道什么可行、什么不可行的总结；第二，企业价值观的形成与企业主管的工作和日常灌输是分不开的。

迪尔和肯尼迪提到的"英雄人物"，是企业文化的人格化，是企业员工行为模仿效法的具体典范。英雄具有一定的标准：英雄是企业价值观的化身，是企业的支柱和希望；英雄有着不可动摇的个性和作风；英雄的行为虽然超乎寻常，但离常人并不遥远，它往往向人们显示"成功是人们力所能及的"；英雄的行为可以起到帮助员工树立责任感的作用。

"习俗与仪式"是企业文化的外在表现，是在企业各种日常活动中反复出现、人人知晓而又没有明文规定的东西。在美国企业中，习俗类型有游戏、聚餐、"训人"；常见仪式有问候仪式、赏识仪式、工作仪式、管理仪式、庆典、研讨会或年会等。它们在一定程度上提高了企业形象，增强了员工的凝聚力，甚至提高了员工的技能。

另外,迪尔和肯尼迪所说的"文化网络",是指企业内部以轶事、故事、机密、猜测等形式来传播消息的非正式渠道。管理者不应该避免被牵连进去,而是应充分灵活地掌握它,充分认识它的重要性。

(三)威廉·大内的 Z 理论

美国加利福尼亚大学洛杉矶分校管理学院的日裔教授威廉·大内于1981 年出版了《Z 理论——美国企业界怎样迎接日本的挑战》一书。在该书中,他把典型的美国企业管理模式称为 A(America)型,把典型的日本企业管理模式称为 J(Japan)型,而把美国少数几个企业(如 IBM 公司、宝洁公司等)自然发展起来的、与 J 型具有许多相似特点的企业管理模式称为 Z 型。

Z 理论的核心就是主张日本和美国的成功经验应相互融合。大内自1973 年开始对日本和美国的企业管理做深入的比较研究,他指出,美国人长期以来忽视对管理的研究,现在必须向日本人学习。美国企业需要向日本企业学习的关键是,每一个企业都应有一种充满信任感、微妙性和亲密感的人际关系,即要把企业员工作为复杂的"社会人"来认识。该书详尽分析了美国盛行的"A 型组织"和日本赖以成功的"J 型组织"的各自特点后,创造性地提出了"Z 型组织"的管理模式。该管理模式具有如下特点:

1. 实行长期或终身雇佣制,使员工在职业有保障的前提下,更加关心与自身前途关系重大的本企业的长远利益;

2. 对职工实行相对缓慢的长期考核和逐步提升的制度;

3. 采取"非专业"的方式,培养能适应各种工作环境的多专多能的企业人才;

4.管理过程中既严格化各种科学技术的控制手段,又注重对人的经验和潜能进行细致有效的启发诱导;

5.采取集体研究与个人负责相结合的"统一思想式"的决策方式;

6 在职工中贯彻平等主义原则,在整体利益指导下,每个人都可以对事物做出判断,独立工作,以自我控制代替等级指挥,上下级间建立融洽的关系。

(四)理查德·帕斯卡尔和安东尼·阿索斯的"7S"管理框架

1981 年,美国斯坦福大学商学研究院教授理查德·帕斯卡尔(Richard Pascale)和哈佛大学工商管理研究院教授安东尼·阿索斯(Anthony G. Athos)合作出版了《日本企业管理艺术》一书。该书总结出管理的七个要素,提出了"7S 框架"。所谓的"7S",指的是:战略(strategy),指"一个企业如何获取和分配它的有限资源的行动计划";结构(structure),指"一个企业的组织方式——是分权还是集权,是重视直线人员还是重视参谋人员,即他们在组织结构图上是怎样排列的";制度(system),指"信息在企业内部是如何传送的";人员(staff),指"企业内部整体人员的组成状况";技能(skill),指"企业和它的关键性人物的特长,他们的竞争对手所没有的卓越能力";作风(style),指"最高管理人员和高级管理人员队伍的行为形式","也可以指整个企业的作风";最高目标(superordinate goal),指能真正激励职工、将其个人目标和企业发展目标结合在一起的指导思想或价值目标。其中,战略、结构和制度是硬管理要素,人员、技能、作风、最高目标是软管理要素。

帕斯卡尔和阿索斯认为,这七个要素相互关联,绝不是孤立的;任何企业要想成功,都必须紧紧抓住这七个要素。美国企业之所以在严酷的竞争面前显得疲软,是因为它们在管理过程中过分重视了三个硬性"S",即战略、结构、制度;而日本企业则在不忽视三个硬性"S"的前提下,较好地兼顾了其余四个软性"S",即人员、技能、作风、最高目标,因此使整个企业具有一种良好的文化氛围,更加充满生机和活力。

(五)托马斯·J.彼得斯和小罗伯特·H.沃特曼的革新性文化"八种品质"说

1982 年,由美国麦肯锡管理咨询公司的研究人员托马斯·J.彼得斯和小罗伯特·H.沃特曼合著的《成功之路——美国最佳管理企业的经验》问世。彼得斯和沃特曼在"7S"管理框架的基础上,提出革新性文化的根本标志是它所具有的八种品质。

1.贵在行动

它包含有两层含义:一是强调"组织的流动性",二是提倡"企业实验精神"。作者认为,出色的企业"很少让过分的复杂捆住自己的手脚。它们不让人们去搞那种常设性委员会或是那种一拖好几年的工作组。它们不沉溺于长篇大论的报告,也不设置正规的矩阵型组织。它们的活动和……人的局限性倒是很相符的;这就是说,人们一次只能处理得了一点儿信息,而且只要感到自己有了几分自主权,他们就会奋发起来"。

2．紧靠顾客和用户

这主要表现在对服务的执着、对质量的执着、开拓合适的市场和倾听用户的意见四个方面。

3．鼓励革新，容忍失败

这里所说的"革新"和所谓的"创造"是有区别的，创造是想出新名堂，革新则是干出新名堂，因此企业中最宝贵的人才，不是出创造性新主意的人，而是敢把新主意变成行动的革新闯将。出色的公司之所以出色，正在于有鼓励革新闯将的历史传统和环境氛围，还有容忍革新闯将失败的气度。

4．以人促产

"优秀公司总是把普通职工看作提高质量和生产率的根本源泉"。对职工要当作成年人来对待，当作同伴来对待，待之以礼，尊重他们。把他们，而不是把资本支出和自动化，作为提高生产率的主要源泉。这些就是对出色企业进行研究所得出的基本经验。

5．深入现场，以价值观为动力

以价值准则为轴心，把公司内部的各种力量凝聚于企业目标。

6.不离本行

出色的企业不搞多行业的经营,尤其不依靠购买和兼并其他企业来搞多种经营。这是因为,购并的企业无疑具有不同的价值观,很难实现各部门间的协同配合。"作为一般规律,经营绩效最佳的企业主要是通过内部的多样化来获得进展。"

7.精兵简政

许多优秀企业的管理体制,可以近似地用"三根支柱"来描述:(1)符合业务高效率需要的稳定性支柱;(2)符合经常性革新需要的创业精神支柱;(3)符合避免僵化需要的打破旧习支柱。

8.张弛有度,善于处理矛盾

出色的企业既有宽松的特性,又有严格的特征。俱乐部式的、校园一般的环境,灵活的组织结构,允许自愿参加的革新活动,强调以一种宽松自由的方式从事广泛的试验活动,这些都属于宽松的特性。严格的特征则有:一套认真奉行的共有价值观,注重行动,强调频繁的信息沟通和迅捷的反馈,不使不协调的、严重偏离主流的情况发生,公文简洁,讲求实用,规定一两条主要的纪律,坚决按用户要求办事,坚持抓质量,等等。

（六）松下幸之助的实践经营哲学

日本松下电器公司创始人松下幸之助的实践经营哲学主要包括：

1. 关于企业经营的理念

松下认为，企业的使命"就是克服贫困，就是使整个社会脱贫致富"，就是要把全体人民的生活推向富裕和繁荣，因此"企业经营不是私事，而是公事，企业是社会的公有物"。这才是正确的企业经营理念。企业家制定经营方针"应该是时时考虑到自己的企业对人们的共同生活影响如何"。企业与社会、企业与原材料供应商等众多伙伴、企业与同行业之间是共存共荣的，不能为一己之利而牺牲他人的利益。松下认为，企业经营要顺应自然规律，要用生成和发展的观点看待一切事物。对人要有客观的科学的看法，经营者要信任人，不要随意解雇人，要实践"新的人道"，即要在"承认其本来面貌的基础上，看清万物的天赋、使命和本质，按照自然规律进行恰当的处理和对待，充分发挥万物的作用"。

2. 关于企业经营的原则

松下认为，一要时刻不忘自主经营，在经营的一切方面，如资金的筹集、技术的开发等，都应该凭借自己的力量自主进行。二要实行"水库式的经营"，即为了使企业不受外部形势变化的影响，应从经营的各个方面创造宽裕的、有备无患的条件,建立各种各样的"水库",如"设备水库""资金水库""人才水库""存货水库""技术水库""计划和产品开发水库"等,以达到稳定而持续地发展的目的。三要适度经营,"一方面确切地掌握包括自己在内的公司干部的经营能力;另一方面,衡量公司的资金力量、技术力量、销售力量等综合实力,在这个范围内发展经营"。四要贯彻专业化原则。五要造就人才,"企业能否为社会做出贡献,并推动自己兴旺发达,关键在于人"。六要集思广益,集中多数人的智慧,全员经营。

3.关于企业经营者的心态

松下认为,首先,经营者应树立一定能成功的坚定信念。其次,经营者要关心政治。"今日的经营者,在努力搞好自己的事业的同时,还要对政治非常关心,寄予适当的希望与要求,否则就不能很好地完成自己的责任。"怎样关心政治呢?应该"从经济人的观点出发,考虑如何做才对国家、对人民有利"。再次,经营者要懂得顺应时代的变化,根据经营理念制订的具体方针和方法必须根据时代的变化而变化。最后,经营者要心地坦诚,"不受自己的利害、感情、知识及先入意识的影响,要能按事物的本来面貌去看问题"。

三、国内企业文化建设的误区

通过对国内企业文化建设实践进行研究,可将企业文化建设的误区归

纳为以下几个:

1. 初创企业不用搞企业文化建设

有人认为:"初创企业不用搞企业文化建设。"这种观念是狭隘的。企业文化和企业的发展一样要经历从形成、发展到逐步走向成熟的过程,但这并不意味着对企业文化可以不加引导、无为而治。正如刚落地的婴儿一样,企业文化会自然地成长,会自发地展开学习和探索,但作为家长,是否可以就此任由孩子自发成长,待其成长到一定阶段后再加以引导和教育呢? 显然,正常的家长都不会如此。因为到那时,孩子可能已经形成一些错误的品行和习惯,再要纠正将非常困难。同样的道理,企业文化建设也要从企业的初创期就开始抓起。

2. 企业文化建设虚无缥缈,华而不实

有人认为:"企业文化建设虚无缥缈,华而不实。"这种观念是功利主义和短视的。企业文化类似于化学反应中的"催化剂"。"催化剂"不能让无法发生化学反应的两种试剂发生反应,却可以加快参与反应的试剂的反应速度,提高效率。企业文化建设的效果也是这样。企业的很多问题必须通过战略规划、流程再造等举措来解决,是硬性的,是企业文化建设难以直接解决的;但是,企业可以通过加强自身的文化建设,打造共同愿景,激活组织氛围,鼓舞员工士气,让平庸的企业变得优秀,让优秀的企业变得卓越。

3.照搬、照抄式企业文化建设

在企业文化建设中,不能盲目地照搬、照抄优秀的企业文化。照搬、照抄式企业文化建设只能学到一些表面的东西,而无法把握其精髓,很可能投入了大量的人力、物力、财力去搞企业文化建设,却最终啥也没搞成,反而失去自身企业文化的个性和特色。因此,在企业文化建设中,学习、借鉴优秀的企业文化是应该的也是必需的,但学的是其精髓,而不是表象,同时还要结合企业自身的特点进行创造,才能真正做到"借他山之石,琢己身之玉"。

4.企业文化建设就是导入 CIS

CIS(Corporate Identity System)翻译成中文是"企业识别系统"。CIS起源于 19 世纪的欧洲,成长于美国,深化于日本。CIS 包括企业理念识别(MI,Mind Identity)、行为识别(BI,Behavior Identity)和视觉识别(VI,Visual Identity)三个子系统。企业理念识别系统是指企业在长期的生产经营过程中所形成的企业员工共同认可和遵守的价值准则与文化观念,以及由企业价值准则和文化观念决定的企业经营方向、经营思路和经营战略目标。企业行为识别系统是企业理念的行为表现,包括在理念指导下的企业员工对内和对外的各种行为,以及企业的各种生产经营行为。企业视觉识别系统是企业理念的视觉化,通过企业形象广告、标识、商标、品牌、产品包装等媒介及方式向大众表现、传达企业理念。由于企业文化建设与导入CIS 在内容上有许多共通之处,故而有人认为:"企业文化建设就是导入 CIS。"

实际上,企业文化建设与导入 CIS 不能混为一谈。首先,企业文化建设的侧重点是力求企业管理工作顺畅、高效,而导入 CIS 的侧重点是树立自身统一的、有别于其他企业的企业形象。其次,企业文化建设是自企业一经建立就开始了,贯穿企业发展的全过程,而导入 CIS 是企业发展到一定阶段根据需要才开始的。

5.企业思想政治工作就是企业文化建设

企业思想政治工作是以保证党的政治任务的完成和生产目标任务的实现为宗旨,以宣传社会主义思想、弘扬团队精神为内容,以对职工的政治态度的引导、规范和日常工作生活中出现的各种思想问题的化解为任务,对职工进行思想教育、精神塑造及不良思想倾向的排除和转化工作。虽然企业思想政治工作与企业文化建设是两个不同的概念,但在实践中,这两者在不少方面是相似的,因此造成不少企业把企业思想政治工作等同于企业文化建设。

企业思想政治工作与企业文化建设的相似之处主要体现在以下几点:

第一,目的相近。企业思想政治工作主要解决人的思想认识、观点、立场问题,旨在用共产主义精神培养有理想、有道德、有文化、有纪律的社会主义建设人才。企业文化建设注重焕发人的精神,塑造人的灵魂,倡导在企业现代化管理中实行人性化管理。两者在培养人的良好品质、塑造人的美好灵魂方面是一致的。

第二,内容相融。企业文化建设重视员工、尊重顾客、强调服务,强化职业道德对员工行为的规范,把员工的意志和力量集中到完成企业生产经营目标上来,这些和企业思想政治工作的内容是相融的。

第三,环境相似。无论企业文化建设还是企业思想政治工作,都是在一个特定的企业环境中进行的,两者在实践中都会受到内外环境里各种因素的影响。

企业思想政治工作与企业文化建设的差异之处主要体现在以下几点:

第一,基本属性不同。企业思想政治工作的核心是政治,本质上属于意识形态建设中的政治社会化。企业文化建设属于管理的范畴,是现代企业管理体制的重要组成部分。

第二,实施主体不同。企业思想政治工作的实施主体是企业的党组织和工青妇(工会、共青团、妇联)等组织,这是由思想政治工作的意识形态属性所决定的。企业文化建设实施的主体是企业的企业文化相关部门,比如企业文化部、企业文化中心等。

第三,历史渊源不同。思想政治工作作为中国共产党的优良传统自新民主主义革命至今,一直是我们党持之以恒的政治教育手段,是提高党的思想理论水平和人民群众思想政治觉悟的重要途径。作为舶来品的企业文化建设于 20 世纪 80 年代中期开始在我国兴起,建设企业文化有助于企业对组织的管理理念、管理过程及长期业绩之间的关系进行审视和定位。

当然,在实践中,应努力实现企业思想政治工作与企业文化建设的有机结合。实践已经充分证明,企业文化建设是思想政治工作渗透到企业经营管理中的极好途径。而企业在建设企业文化的过程中,也应当发掘和利用思想政治工作的资源优势来推动优秀的企业文化的形成。

第二节　企业文化建设要素框架

　　所谓要素,是指构成一个客观事物的存在并维持其运动的必要的最小单位,是构成事物的必不可少的现象,是组成事物整体的基本单元,也是事物产生、变化、发展的动因。所谓结构,是指组成整体的各要素的搭配和编排。企业结构是表明企业文化的各要素是如何联结形成企业文化的整体模式。框架原指建筑工程中由梁、柱等连接而成的结构,后用于比喻事物的组织、结构。结合以上定义来讲,企业文化建设要素框架就是指搭建企业文化结构所需的要素的集合体。

一、企业文化要素与结构综述

（一）企业文化要素

关于企业文化要素，有以下几种代表性认识：

1.三要素说

爱伦·威廉（Allan Williams）、鲍·德布森（Paul Dobson）、迈克·沃德斯（Mike Walters）认为，企业文化要素主要包括企业中共同拥有的、相对稳定的信念、态度和价值观这三个要素。

2.四要素说

威廉·大内提出企业文化有四个构成要素：价值观、神话、英雄和象征。这些要素对企业的员工具有重大的意义。

3.五要素说

特雷斯·E.迪尔和阿伦·A.肯尼迪认为，企业文化是由企业环境、英雄人物、习俗与仪式、文化网络和价值观这五个因素所组成的。

4.八要素说

D. 赫尔雷格尔（Don Hellriegel）等学者认为，企业文化由八个要素构成：共有的哲学、意识形态、价值观、信仰、假定、期望、态度和道德规范。

（二）企业文化结构

关于企业文化结构，有以下几种代表性认识：

1. 冰山结构

美国学者帕米拉·S. 路易斯（Pamela S. Lewis）、斯蒂芬·H. 古德曼（Stephen H. Goodman）、帕特西亚·M. 范德特（Patricia M. Fandt）提出，企业文化可以用冰山结构来表示：表面的看得见的东西是具体行为，而支持这些具体行为的是深层次的东西，是企业员工心灵深处的看不见的观念、共有价值观、宗旨和行为标准。

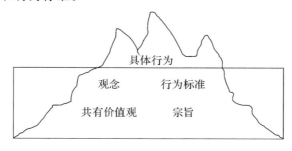

2.睡莲结构

睡莲结构(Waterlily Model)最早由美国麻省理工学院的企业文化专家埃德加·沙因(Edgar H. Schein)提出。水面上的花和叶是文化的外显形式,是所能接触到和感知到的企业文化,包括组织的架构和各种制度、程序;中间是睡莲的枝和梗,是各种公开倡导的价值观、使命、愿景、行为规范等;水面下的是睡莲的根,是各种被视为当然的、下意识的信念、观念和知觉。

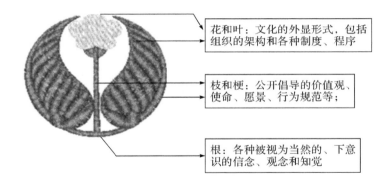

花和叶：文化的外显形式，包括组织的架构和各种制度、程序

枝和梗：公开倡导的价值观、使命、愿景、行为规范等；

根：各种被视为当然的、下意识的信念、观念和知觉

3.同心圆结构

同心圆结构是国内学术界认可度较高的一种企业文化结构。其核心层的构成要素只有一个,即价值观念,它是关于人,以及人与人之间、人与自然之间关系的一系列价值观念的总和。理论层是对核心层观点的进一步发挥,是企业在创造物质和精神财富的生产经营实践活动中表现出来的理论化和系统化的世界观与方法论,是对贯穿于企业各种活动的基本规律的理性认识和全面把握,是对企业经营行为的一种根本性指导。实体

层是指经过企业文化理论层所论证的具有充分合理性和必然性的价值观念,具体到各个层次、各种人员行为上的标准和规则。表象层是企业文化存在的外部形式,它在企业文化中起着将价值观念转化为艺术形式的作用。

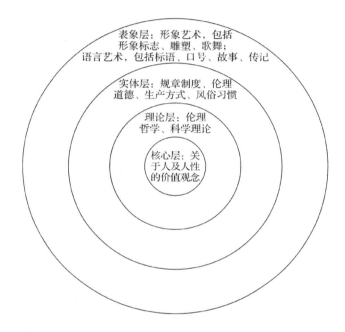

4.11-C 环形结构

美国学者卡尔·佩格尔斯(C. Pegels)在《日本与西方管理比较》一书中提出了"11-C 环形结构"。其核心是文化(culture),以此为轴心,其余 10 个是信息联系(communication)、观念(concept)、关心(concern)、竞争(competitiveness)、协作(cooperation)、协商一致(consensus)、结合(coalition)、集中(concentration)、控制(control)、小组(circles)。它们相互联结,围绕"文化"这个中心,如众星拱月。

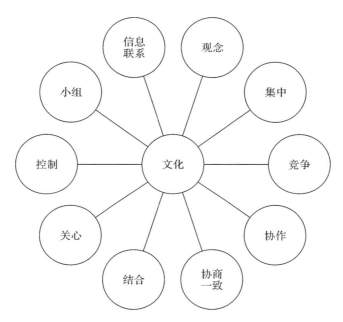

此外,还有学者从自身的研究出发,提出关于企业文化要素与结构的多种观点。但总体来看,已有的研究成果对要素的阐述还不够全面、系统,对构成结构的各要素之间的关系也没有进行足够深入的分析。

二、企业文化建设要素框架

通过对前文所述相关的理论研究成果进行提炼和总结,并结合此前对企业文化建设实践的分析,本书提出企业文化建设要素框架——"车轮框架"。在"车轮框架"中,企业文化建设要素分为四个层次,由内向外分别是精神层、制度层、行为层和物质层。

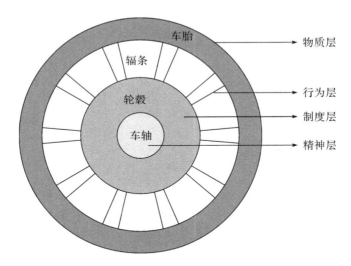

　　精神层全称"企业精神文化建设要素层",它集中体现了一个企业独特、鲜明的经营思想和个性风格,反映了企业及其员工的理想信念和价值追求。企业精神文化建设要素层主要包括企业价值观、企业使命、企业愿景、企业经营管理理念等基本要素。精神层位于车轮的核心,就像车轮的车轴。车轮以车轴为中心运动,车轮能否行驶顺畅、使用久远,取决于车轴是否稳固、车轮是否转动流畅。与之类似,精神层是"车轮框架"的核心,对制度层、行为层和物质层具有决定、支配意义。

　　制度层全称"企业制度文化建设要素层",其主要体现为规定、约束企业和企业成员行为的规范性文化。企业制度文化要素建设层主要包括企业领导体制、企业组织结构和企业管理制度等基本要素。在"车轮框架"中,制度层就像轮毂。轮毂是连接轮胎和车轴、在轮胎和车轴之间承受负荷的旋转组件。与之类似,制度层是连接精神层与行为层、物质层的中介,制度层必须适应精神层,同时又反过来对精神层起作用。

　　行为层全称"企业行为文化建设要素层",是企业精神风貌、规章制度、人际关系的动态体现。企业行为文化建设要素层所包含的要素主要体现在两个方面上：一是企业员工工作中的行为；二是与企业相关的员工工作外的行为。企业行为文化建设要素层主要包括晨会、工间舞操、员工标准工作行为、企业文艺体育活动、企业公益慈善活动、职工素质拓展、职业技能竞赛、年会、先进模范（典型）学习等。在"车轮框架"中，行为层表现为车轮上的辐条。辐条于整个车轮来说发挥的是校正车圈、增加强度、保证稳定等作用。与之类似，行为层是连接精神层、制度层与物质层的中介，行为层建设得如何直接关系到企业生产经营活动的发展力度和发展方向。

物质层全称"企业物质文化建设要素层"，是以物质为载体，物质文化是它的外部表现形式。企业物质文化建设要素层主要包括企业建筑环境设施、企业标志物、企业宣传品等基本要素。物质层在"车轮框架"的最外层，如同车轮上的车胎，也是与车轮的外部环境直接接触的一层。与之类似，物质层是精神层、制度层、行为层的外在反映和保障。

值得一提的是，企业文化建设要素框架并不是简单地分为精神层、制度层、行为层和物质层四个层面，它们既有各自的特点，相互之间又有一定的关联。概括而言，即内层是外层的根据，外层是内层的表象。它们相互联系、相互作用，共同构成了企业文化建设要素框架运行和发展的基本模式。在企业文化建设的过程中，必须以系统性的思维方式和工作计划处理好各层次之间的关系。

第二章

企业精神文化建设要素层

　　企业精神文化建设要素层集中体现了一个企业独特、鲜明的经营思想和个性风格，反映企业及其员工的理想信念和价值追求。企业精神文化建设要素层主要包括企业价值观、企业使命、企业愿景、企业经营管理理念等。

第一节　企业价值观

一、价值观的内涵

　　价值观是人基于一定的思维感官而做出认知、理解、判断或抉择，是人认定事物、辨定是非的一种思维或取向，从而体现出人、事、物一定的价值或作用。价值观具有稳定性和持久性、历史性与选择性、主观性的特点。

　　价值观对人们行为的定向和调节起着非常重要的作用。价值观决定人的自我认识，它直接影响和决定一个人的理想、信念、生活目标和追求的方向。价值观的作用大致体现在以下两个方面：

1. 价值观对行为动机有导向的作用，人们的行为动机受价值观的支配和制约。在同样的客观条件下，具有不同价值观的人，其行为动机不同，选择的行为也不同。行为的目的和方向受价值观的支配，只有经过价值判断被认为可取，才能作为行为动机引导人们的行为。

2. 价值观反映人们的认知和需求状况。价值观是人们对客观世界及行为结果的评价和看法，因而从某个方面反映了人们的人生观和世界观，反映了人的主观认知世界。

二、企业价值观的内涵

企业价值观是指企业及其员工的价值取向，是指企业在追求经营成功的过程中所推崇的基本信念和奉行的目标。企业价值观是企业全体或多数员工一致赞同的关于企业意义的终极判断。具体来讲，其包括以下内涵：

1. 价值观是企业所有员工共同持有的，而不是一两个人所有的；

2. 企业价值观是支配员工精神的主要的价值观；

3. 企业价值观是长期积淀的产物，而不是突然产生的；

4. 企业价值观是有意识培育的结果，而不是自发产生的。

企业文化是以价值观为核心的。价值观是把所有员工联系到一起的精神纽带；价值观是企业生存、发展的内在动力；价值观也是企业行为规范制度的基础。企业价值观是企业判断是非的终极标准。

三、企业核心价值观及其界定标准

真正的企业核心价值观必须符合如下标准：

1.它必须是企业核心团队或者企业创始人的肺腑之言，是企业家在企业经营的过程中身体力行并坚守的观念。从这个角度说，核心价值观不能一味跟风，世界五百强企业的核心价值观未必可以作为你的企业的核心价值观，但它可以是你的企业的价值体系的一部分，如创新、以人为本或追求卓越等。

2.核心价值观必须是真正影响企业运作的精神准则，是经得起时间考验的，它一旦确定下来，就不会轻易改变。

3.所谓核心，就是指最关键的理念。其数量不会太多，通常是五到六条。

（一）京东的核心价值观

京东的核心价值观是一体两翼"T"形文化价值观——正道成功、客户为先、只做第一。

1.正道成功

正道成功是整个价值观体系中的基石，也是保证京东基业长青的价值信仰。正道成功不仅仅是指要合法依规地取得商业上的成功,更重要的是要成为行业中的价值典范,用高标准的行为规范和准则实现自我要求、进行自我完善,对整个生态的发展和社会的进步有所担当和贡献。

2. 客户为先

客户为先是京东成长发展的"基因",也是京东一切工作的价值标准。客户是京东的衣食父母,更是鞭策其前行的力量。客户体验是京东评价工作和决策依据的最高红线,集团内部凡是涉及客户体验改进的要求和建议,任何人都不能说"不"。同时,京东不仅要关注和满足客户现有的需求,更要用创新思维、开放思维,敏锐地洞察客户潜在的、个性化的需求,通过精细化运营为客户提供超越预期的服务。

3. 只做第一

只做第一是京东的精神内核,也是京东持续引领行业的价值驱动。只做第一不仅仅表示要在市场份额、行业竞争中永争第一,更表示一种持续创新、不断超越的精神。它要求京东人学会忘记现在的成绩,忘记过去的成功路径,以归零的心态,不断打破固有思维,开放心态,坚决抵制傲慢的"大企业病",时刻保持危机感,这样才能在巨变的时代中实现行业引领。

（二）海尔的核心价值观

1.是非观——以用户为是，以自己为非

"永远以用户为是，以自己为非"的是非观是海尔为用户创造价值的动力。

"以用户为是"，意味着不但要满足用户需求，还要创造用户需求；而只有树立"以自己为非"的价值观，才能不断否定自我、挑战自我、重塑自我，实现以变制变、变中求胜。

这两者形成海尔可持续发展的内在基因：不因世界改变而改变，顺应时代发展而发展。

这一基因加上每个海尔人的"两创"（创业和创新）精神，形成海尔在时刻变化的市场上保持竞争优势的核心能力。

2.发展观——创业精神和创新精神

创业创新的"两创"精神是海尔不变的文化基因。

海尔不变的文化基因既是对员工个人发展观的指引，也是对员工价值观的约束。"永远以用户为是，以自己为非"的是非观要求员工具备"两创"精神。

创业精神即企业家精神，海尔鼓励每个员工都应具有企业家精神，从被

经营变为自主经营,把不可能变为可能,成为自己的 CEO。创新精神的本质是创造差异化的价值,差异化价值的创造来源于新的用户资源的创造。

"两创"精神的核心强调锁定第一竞争力目标。坚持目标不变,而为实现目标,应该以开放的视野,有效整合、运用各方资源。

3. 利益观——人单合一双赢

人单合一双赢的利益观是海尔永续经营的保障。

海尔是所有利益相关方的海尔,其利益相关方主要包括员工、用户、股东。网络化时代,海尔和分供方、合作方共同组成网络化的组织,形成一个个利益共同体,共赢、共享、共创价值。只有所有利益相关方持续共赢,海尔才有可能实现永续经营。为实现这一目标,海尔不断进行商业模式创新,逐渐形成和完善具有海尔特色的人单合一双赢模式:"人"即具有"两创"精神的员工;"单"即用户价值。每个员工都在不同的自主经营体中为用户创造价值,从而实现自身价值,企业价值和股东价值自然在其中得到体现。

每个员工通过加入自主经营体与用户建立契约,从被管理到自主管理,从被经营到自主经营,实现"自主、自治、自推动",这是对人性的充分释放。

人单合一双赢模式为员工提供机会公平、结果公平的机制平台,为每个员工发挥"两创"精神提供资源和机制方面的保障,使每个员工都能以自组织的形式主动创新,以变制变,变中求胜。

四、企业价值观的发展历史

在西方企业的发展过程中,企业价值观经历了多种形态的演变,其中最大利润价值观、经营管理价值观和社会互利价值观是比较典型的企业价值观,分别代表了三个不同的历史时期里西方企业的基本信念和价值取向。

最大利润价值观,是指企业全部的管理决策和行动都围绕如何获取最大利润这一标准来进行,企业经营的好坏也依此衡量。

经营管理价值观,是指在企业规模扩大、组织复杂、投资巨额而投资者分散的条件下,管理者受投资者的委托从事经营管理工作而形成的价值观。一般来说,除了重视为投资者赢利以外,这种企业所价值观还非常注重企业员工的自身价值的实现。

社会互利价值观,是20世纪70年代兴起的一种西方社会的企业价值观,它要求在追求企业利润水平的同时,把员工、企业、社会的利益统筹起来考虑,不能失之偏颇。

当代企业价值观的一个最突出的特征就是以人为中心,以关心人、爱护人的人本主义思想为导向。过去,人才培养也是企业文化中的重要内容,但企业通常只把人才培养作为手段。西方的一些企业非常强调在职工技术训练和技能训练上投资,以此作为企业提高生产效率、获得更多利润的途径。这种做法,实际上是把人作为工具来看待,所谓的培养人才,不过是为了改进工具的性能,提高使用效率罢了。当代企业在发展中已经开始把人的发展视为目的,而不是单纯的手段,这是企业价值观发生的根本性变化。企业能否给员工提供一个适合其发展的良好环境,能否给人的发展创造一切可能的条件,这是衡量一个当代企业或优或劣、或先进或落后的根本标志。

德国思想家康德曾经指出,在经历种种冲突、牺牲、辛勤斗争和曲折复杂的漫长路程之后,历史将指向一个充分发挥人的全部才智的美好社会。随着现代科学技术的发展,现代文明的真正财富将越来越表现为人通过主体力量的发挥实现对客观世界的支配。这就要求充分重视人的全面发展,研究人的全面发展,无论对于企业中的人,还是对全社会来说,这都有着极其重要的意义。

五、企业价值观建设基本原则

1.利益相关方共同参与。

2.确保价值理念确实反映了企业的长远目标。

3.价值理念应该激励人心。

4.重视价值观的关键驱动因素。

5.找出那些会促使企业价值观朝理想方向转变的行为和惯例。

6.在企业价值观中采用能为管理运用的概念和术语。

7.确保使用简单易懂的语言。

8.确保企业价值观的各要素能明白无误地转换成行为。

六、企业价值观建设实例

TCL集团:为顾客创造价值;为员工创造机会;为社会创造效益。

惠普公司:信任和尊重个人;追求卓越的成就和贡献;在经营活动中坚持诚实和正直;靠团队精神达到目标;鼓励灵活性和创造性。

松下公司:产业报国、光明正大、友善一致、奋斗向上、礼节谦让、顺应同化、感激报恩。

沃尔玛公司:以最低的价格换取最优良的产品和服务。

华为公司:以人为本、尊重个性、集体奋斗、视人才为公司的最大财富而不迁就人才;在独立自主的基础上开放合作,创造性地发展世界领先的核心技术体系,崇尚创新精神和敬业精神;爱祖国、爱人民、爱事业、爱生活,绝不让雷锋吃亏;使顾客、员工与合作者结成利益共同体。

联想集团:成就客户——致力于客户的满意与成功;创业创新——追求速度和效率,专注于对客户和公司有影响的创新;精准求实——基于事实的决策与业务管理;诚信正直——建立信任与负责任的人际关系。

国美电器集团:敢为人先,贡献社会;重诺守信,诚信为本;以德为本,立德立人;任人唯贤,人员本土化;树立品牌,注重形象。

万科集团:客户是我们永远的伙伴;人才是万科的资本;阳光照亮的体制;持续的增长和领跑。

茅台集团:以人为本、以质求存、恪守诚信、团结拼搏、继承创新。

企业价值观的发展与完善是一个永无止境的工程,企业的各级管理人员都要认真考虑究竟什么才是企业最实际、最有效的价值观,然后不断地反思和讨论,使这些价值观永葆活力。

马云在卸任演讲中提到:阿里巴巴历史上所有重大的决定,都与钱无关,而与价值观有关。全世界范围内可能都很难再找到像这样的一家公司,花这么多的时间对价值观进行讨论。过去 20 年,阿里巴巴因为价值观而与众不同。阿里巴巴最珍贵的,让阿里人在困难的时候能够坚持,在巨大的压力之下依然敢于坚持的,正是价值观。未来 20 年,阿里巴巴也会因为坚持价值观而与众不同。1999 年,从创立的第一天起,阿里巴巴确立了"让天下没有难做的生意"的使命。2004 年,成立 5 周年时,阿里巴巴将"成为一家持续发展 102 年的公司"定为愿景,正式确立了"六脉神剑"的价值观:客户第一,拥抱变化,团队合作,诚信,激情,敬业。2019 年,在成立 20 周年之际,面临新的历史机遇,进入新的发展阶段,阿里巴巴的价值观从"六脉神剑"发展为"新六脉神剑"。

(一)阿里巴巴的"六脉神剑"

1. 客户第一——客户是衣食父母

尊重他人,随时随地维护阿里巴巴的形象。

微笑面对投诉和受到的委屈,积极主动地在工作中为客户解决问题。

在与客户交流的过程中,即使不是自己的责任,也不推诿。

站在客户的立场上思考问题,在坚持原则的前提下,使客户和公司都满意。

具有超前服务意识,防患于未然。

2.拥抱变化——迎接变化,勇于创新

适应公司的日常变化,不抱怨。

面对变化,理性看待,充分沟通,诚意配合。

面对因变化产生的困难和挫折,能自我调整,并正面影响和带动同事。

在工作中有前瞻意识,建立新方法、新思路。

创造变化,使绩效有突破性的提高。

3.团队合作——共享共担,平凡人做非凡事

积极融入团队,乐于接受同事的帮助,配合团队完成工作。

决策前积极发表建设性意见,充分参与团队讨论;决策后,无论个人是否有异议,必须从言行上完全给予支持。

积极主动分享业务知识和经验;主动给予同事必要的帮助;善于利用团队的力量解决问题和困难。

善于和不同类型的同事合作,不将个人喜好带入工作,充分体现"对事不对人"的原则。

有主人翁意识,积极正面地影响团队,提升团队的士气,改善团队的氛围。

4.诚信——诚实正直,言行坦荡

诚实正直,表里如一。

通过正确的渠道和流程,准确表达自己的观点;表达批评意见的同时能提出相应的建议,直言有讳。

不传播未经证实的消息,不在背后不负责任地议论人和事,而是能正面引导,对于任何意见和反馈"有则改之,无则加勉"。

勇于承认错误,敢于承担责任,并及时改正。

对损害公司利益的不诚信行为应及时有效地制止。

5.激情——乐观向上,永不放弃

喜欢自己的工作,认同阿里巴巴的企业文化。

热爱阿里巴巴,顾全大局,不计较个人得失。

以积极乐观的心态面对日常工作,碰到困难和挫折的时候永不放弃,不断自我激励,努力提升业绩。

始终以乐观主义的精神和必胜的信念,影响并带动同事和团队。

不断设定更高的目标,今天的最好表现是明天的最低要求。

6.敬业——专业执着,精益求精

今天的事不推到明天,上班时间只做与工作有关的事情。

遵循必要的工作流程,避免因工作失职而重复犯错。

持续学习,自我完善,做事情时遵循以结果为导向的原则。

能根据轻重缓急来正确安排工作的优先级,做正确的事。

不拘泥于工作流程,化繁为简,用较小的投入获得较大的工作成果。

(二)阿里巴巴的"新六脉神剑"

1.客户第一,员工第二,股东第三

2006 年,阿里巴巴 B2B 业务上市前夕,马云首次公开提出"客户第一,员工第二,股东第三"。有投行分析师当即表示后悔买入阿里巴巴的股票,但马云认为:我们要选择的是相信我们理念的钱。2014 年 9 月 19 日,8 位客户代表在纽约证券交易所敲响了阿里巴巴的开市钟。他们当中有淘宝店主、云客服、快递员、"淘女郎"和资深的"剁手党"等,阿里巴巴的合伙人、员工和投资人一起站在台下,向敲钟人致以掌声。仪式刚刚结束,美国财经媒体 CNBC 的《华尔街直播室》(Squawk on the Street)专访马云,第一个问题就直指华尔街最难理解的"股东第三"。主持人大卫·法柏(David Faber)问:"在过去几年接受采访时,你多次谈到'客户第一,员工第二,股东第三'。今天你拥有了更多的股东,这是否会彻底改变你看待公司或经营公司的方式?"马云回答:"我始终坚信客户第一,员工第二,股东第三。"他说:"今天我们融到的不是钱,而是来自人们的信任。数以百万计的小企业、众多的股东,我对此感到非常荣幸、非常兴奋。我想到未来五到十年的责任,是如何让这些股东高兴。但最重要的是,是让站在台上敲钟的那些人——我们的

客户成功。如果他们成功,我们所有人都会高兴。这就是我所坚信的东西。"

2.因为信任,所以简单

2004 年,为了解决淘宝上陌生买卖双方之间的信任问题,支付宝应运而生。支付宝首创"担保交易"的方式,即托管买家支付的资金,在买家确认收货无误后支付给卖家。这成为中国网络交易信任的起点。

起初,不少用户对线上交易怀有担忧,担心其安全性。为解决用户的后顾之忧,2005 年 2 月,支付宝推出了"你敢付,我敢赔"的消费者保障计划,承诺如果账户被盗,将进行全额赔付,打消了用户的疑虑。15 年来,从快捷支付、面向小微商家的纯信用贷款到芝麻信用、区块链溯源技术等,支付宝每一个创新产品和服务的推出,都与信任有关。

世界上最宝贵的是信任,最脆弱的也是信任。阿里巴巴成长的历史是建立信任、珍惜信任的历史。你复杂,世界便复杂;你简单,世界也简单。只要人与人之间坦诚相待,互相信任,没那么多疑虑猜忌,问题就简单了,事情也会因此高效。

3.唯一不变的是变化

1999 年,马云赴硅谷为刚刚创立不久的阿里巴巴寻求融资。按照惯例,寻求融资必须提供 BP(即 business plan,商业计划书)。但马云认为,就变化纷繁的互联网而言,做一份厚厚的所谓详尽的"计划书"反而是忽悠和欺骗。结果是,因为没有"天花乱坠"的 BP,37 家硅谷的风险投资机构拒绝了阿里巴巴。马云随即决定把 BP 放在一边,大胆宣布"I never plan"(我永远不做计划)。互联网世界瞬息万变,适应未来最好的方式就是创造未来。

从那时起,阿里人就坚信,唯一不变的是变化。2004 年诞生的支付宝开启了移动支付的先河;2009 年阿里云成立,让阿里成为国内最早布局云计算的平台型企业;2016 年年底,阿里提出包括新零售在内的"五新"战略,揭开零售业数字化革命的大幕。阿里巴巴早已不是等风来,也不是迎风走,而是做"造风者"。

无论你变不变化,世界在变,客户在变,竞争环境在变,因此,阿里巴巴要求每一位阿里人心怀敬畏和谦卑。改变自己,创造变化,就是最好的变化。拥抱变化是阿里巴巴最独特的 DNA。

4.今天最好的表现,是明天最低的要求

2001 年 1 月,阿里巴巴还没有找到成熟的商业模式,营业收入波动剧烈。而此时,账户里只剩下 700 万美元,按照每月 100 万美元的开支,阿里巴巴最多只能坚持半年。

在生死边缘,阿里巴巴受到航空公司会员积分体系的启发,创造性地设计出金银铜牌考核制度,销售员当月的业绩决定了其下个月的提成。这套制度激励了阿里人不断追求卓越,以更高的要求为客户创造价值,由此培养出的销售团队被誉为"中供铁军"。2002 年,阿里巴巴实现全年盈利。

在阿里巴巴最困难的时候,正是这样的精神,帮助它渡过难关,活了下来。"今天最好的表现,是明天最低的要求"意味着在身处逆境时懂得自我激励,在身处顺境时敢于设定具有超越性的目标。面向未来,不进则退,阿里人敢想敢拼,自我挑战,自我超越。

5.此时此刻,非我莫属

1999年9月14日,阿里巴巴在《钱江晚报》上发布第一条招聘广告。广告语是:If not now,when? If not me,who?（此时此刻,非我莫属。）后来,这句话成了阿里巴巴的第一句"土话"。它体现了阿里人对使命的信念和"舍我其谁"的担当。

勇于担当社会责任是阿里巴巴的核心竞争力。从一个创业公司逐渐成长为一个数字商业新经济体,阿里巴巴担当社会责任的初心从未改变。因为一群有激情、有担当、有使命感的阿里人汇聚在一起,这家企业始终保持温度,将自身发展融入社会发展,不断地通过技术和创新解决社会问题、推动社会进步。

6.认真生活,快乐工作

2009年2月17日,马云在一封致全体阿里人的邮件中,提出"认真生活,快乐工作"的理念:

我们认为,工作只是一阵子,生活才是一辈子。

工作属于你,而你属于生活、属于家人。

像享受生活一样快乐工作,像对待工作一样认真地生活。

只有认真对待生活,生活才会公平地对待你。

阿里因你而不同,家人因你而骄傲。

每个人都有自己的工作和生活态度,阿里巴巴尊重每个阿里人的选择。

第二节　企业使命

一、企业使命的内涵

企业使命是指企业由社会责任、社会义务或其自身发展所规定的任务，是企业在社会进步和社会经济发展中所应担当的角色和责任。

企业使命应该包括以下含义：

1. 企业使命实际上是企业存在的原因或理由，或者说，是对企业生存目的的定位。无论这种原因或理由是"满足某种需要"还是"承担某个不可或缺的责任"。如果一个企业找不到合理的存在理由，或者连自己都不明确存在的原因、连自己都不能有效说服，企业的经营问题就大了，其至可以说，这个企业"已经没有存在的必要了"。对于企业使命，企业的经营者们更应该了然于胸。

2.企业使命是对企业生产经营形象的定位。它反映了企业试图为自己树立的形象,诸如"我们是一个愿意承担责任的企业""我们是一个健康成长的企业""我们是一个在技术上卓有成就的企业"等。在明确的形象定位之下,企业就会在经营活动中始终向公众展示这一形象,而不会"朝三暮四"。

二、明确企业使命的步骤

通常,被广泛用以明确企业使命的方法有以下十个步骤。

第一步:决定谁来负责制定。

原则上公司的使命应该由企业的创办人或所有者负责制定,企业以此为基础来募集资金,投入经营。

第二步:明确使命的时间、地点。

明确使命的最佳方法是在企业外举行一场研讨会来专门讨论,以避免对日常工作的干扰。有关使命的表述,通常需要经过反复的沟通、讨论,才有可能形成一致的意见,要明确使命,可谓相当费时。

第三步:展开头脑风暴。

给讨论组的每位成员一份使命写作大纲,由主持人讲解使命之意义与其范围、架构。在此阶段,只允许成员单向询问主持人,不允许他们互相讨论。有时为了节省一点时间而开启自由讨论,反而会严重影响到使命明确的进度,损失更多的时间。

第四步：分组归纳。

将讨论组分成数个小组，分组讨论头脑风暴后的个人意见。根据使命说明的框架将这些意见分类归纳成使命草案，各组推派代表报告、说明，然后接受其他组人员的质询，澄清想法。此时在一起工作很久、自认为相互之间非常了解的成员，可能会发现他们对企业使命的认知存在根本性的差异。梳理清晰后将结果张贴于现场，供其他各组成员参考。

第五步：达成共识。

说明和质询有助于了解对方的想法。各小组充分沟通后可进行票选，每人可无记名圈选三组。找出票数最高的三组，将这三组的使命说明视作群体的共识。

第六步：决定使命的内涵。

将胜出的三组的使命说明交由规划组做组合与修饰，使其能明确地勾勒出企业的前景及期望。当企业传达出明确的使命时，全员达成目标的意识将会得到加强。一个设计良好的使命是形成、执行与评估企业发展战略的基础，若没有一个明确的使命，短期行动可能会伤害到企业的长期利益。请特别注意：别把不可能实现的目标写进使命里，否则会损害自己的信用。

第七步：明确表达方式。

陈述使命要选择适当且精辟扼要的词句，采用格式化、正规化的表达，避免平铺直叙或重复他人的词句或思想。

第八步：决定篇幅长短。

使命的篇幅当然可长可短，但一定要能完整清晰地将有关信息准确地传递给目标受众。为了制作与沟通上的方便，通常不会超过一页。内容应包含一项 60～80 字的主述，点出企业的未来愿景；再加上 100～300 字的说明，以解释主述中的专有名词或易混淆的词义。

第九步:定期检视改进。

使命陈述通常需一年重新检视一次,这也是对使命实施效果的一种反馈。一般来说,反馈可以采用面谈式反馈、讨论式反馈、网络式反馈等方式。企业应该根据参与反馈的员工的特点、性格特征等因素选择恰当的反馈方式。当然,上述三种方式可以单独使用,也可以组合使用。

第十步:决定使用的时机与方式。

使命陈述可以与企业形象标志同时使用,在设计时,可采用企业的基调色。在实务方面,使命无处不在,自上到下,从领导到员工,都应该熟知企业的使命。企业使命陈述应该出现在下列各处:公司年报、市场促销或公共关系方面的宣传材料、公司的文具和标志性物品(例如笔记本内页或背面)、员工手册、战略计划、网页。尤其领导的行为和经营管理决策,正是使命的鲜活表现。当然我们也需要一些时间,通过培训等方式,使企业上下一起消化、吸收企业使命。

三、企业使命实例

联想集团——为客户利益而努力创新。

索尼公司——改变生活状况,引入新的娱乐方式,提供新时代的技术和数字概念,与国内产业携手合作,通过承诺优质服务拉近与客户间的关系。

通用电气公司——以科技及创新改善生活品质。

微软公司——致力于提供使工作、学习、生活更加方便丰富的个人电脑软件。

福特公司——成为全球领先的提供汽车产品和服务的消费品公司。

中国移动通信有限公司——创无限通信世界，做信息社会栋梁。

迪士尼公司——使人们过得快活。

苹果公司——借推广公平的资料使用惯例，建立用户对互联网之信任和信心。

华为公司——聚焦客户关注的挑战和压力，提供有竞争力的通信解决方案和服务，持续为客户创造最大价值。

万科集团——建筑无限生活。

海尔集团——敬业报国，追求卓越。

惠普公司——为人类的幸福和发展做出技术贡献。

耐克公司——体验竞争、获胜和击败对手的感觉。

沃尔玛公司——给普通百姓提供机会，使他们能与富人买到同样的东西。

麦肯锡公司——帮助杰出的公司和政府更为成功。

松下公司——我们的使命是制造像自来水一样丰富的价廉物美的产品，我们以此摆脱贫困，给人们的生活带来幸福，使世界变得更加美好。

宝洁公司——提供名优产品，真正改变客户的日常生活。

戴尔公司——在我们服务的市场传递最佳顾客体验。

蒙牛乳业集团——强乳兴农，愿每一个中国人身心健康。

飞利浦公司——通过及时推出有意义的科技创新改善人们的生活质量。

第三节　企业愿景

一、企业愿景的内涵

所谓企业愿景,是指企业的长期愿望及未来状况,体现了企业最高管理者对企业未来的设想,是对"我们希望发展成怎样的企业?"的回答。企业愿景不断地激励着企业奋勇向前,拼搏向上。

吉姆·科林斯(Jim Collins)和杰里·帕里斯(Jerry I. Porras)在其著作中将企业划分为两种类型:一种是有明确的企业愿景,并成功地使其扎根于员工心中的企业,这类大多是排在世界前列的广受尊敬的企业;另一种类型的企业认为只要增加销售额便万事大吉,没有明确的企业愿景,或企业愿景没有扩散到整个企业,这些企业绝不可能位居世界前列。只有具备全体员工共同拥有的企业愿景,企业才有成长为优秀企业的基础。

二、企业愿景建设的意义

在当今的企业活动中,企业愿景建设的意义主要体现在以下六个方面:

(一)提升企业的存在价值

企业愿景的终极目标就是将企业的存在价值提升到极限。企业的存在价值是企业本质的存在理由和信念,这不同于财务报表上的利润或"近视"(Myopia)的期望值。传统观念认为,企业的存在价值在于它是实现人类社会幸福的手段与工具,它是在促进全社会幸福和寻找新的财富来源的过程中被创造出来的。企业价值观经历了全球化和信息时代的变革,企业愿景的概念范围也随之扩大,在以往那些企业活动的基础上增加了与全球自然环境共生和对国际社会的责任及贡献等内容,企业的存在价值这一概念因此更加丰富。在先进企业的经营活动中,我们很容易发现优秀的企业愿景。

企业愿景内含的意义分为三个不同的层次:企业对社会的价值是愿景的最高一层,愿景的中间一层是企业的经营领域和目标,愿景的最低一层是员工的行动准则或实务指南。企业对社会的贡献和价值是企业赖以存在的根本,也是其奋斗的方向,具有最高的效力。企业的经营领域和目标是较为实际的概念,它指出企业实现价值的途径和方式。行动准则和实务指南是在这个过程中员工应该遵循的经济和道德标准。层次越高,愿景具有的效力越大,延续的时间越长。

(二)协调利害关系

对于一个特定的组织来说,利害关系者通常是指那些与组织有利益关系的个人或者群体。罗伯特·爱德华·弗里曼(R. E. Freeman)认为,利害关系者就是指"能够影响组织任务的完成或者受组织任务的实现影响的群体或者个人"。如果组织忽略了某个或者某些能够对组织产生影响的群体或者个人,就有可能导致经营失败。

正像利害关系者会受到企业的决策、行动的影响一样,这些利害关系者也会影响企业的决策、行动,两者之间存在着双向的影响和作用力。实质上,企业与利害关系者之间是一种互动的共生关系。企业在制定企业愿景时,必须界定利害关系者的类型,他们的利益诉求及相应的应对策略。如何识别各种各样的利害关系者,并通过企业愿景加以反映和协调,是企业高层管理人员的重要任务。如果不能在愿景中使利害关系者的利益得到尊重和体现,就无法使他们对企业的主张和做法产生认同,企业也无法找到能对他们施加有效影响的方式。例如,一家化工企业如果只是以赢利为目标,而没有将环保责任融入愿景,必将遭到环保组织、当地社区甚至消费者的抵制。

（三）整合个人愿景

现代企业的员工非常注重个人的职业生涯规划,都有描绘未来的个人愿景。要使企业员工自觉、积极地投入企业活动中,就需要创设整合员工个人愿景的企业愿景。

一般而言,与西方的先进企业相比,中国企业很少用明确的企业愿景或行动指南指导员工,使之贯彻到实践当中。这是因为中国企业往往把企业愿景理解为企业宗旨、企业文化、企业精神和信条等抽象的概念,而不明确企业的使命、存在意义、经营方针、事业领域、行动指南,而且过于看重"人和""诚实"等过于含蓄的非规定性的潜意识力量。

西方的企业则极其重视企业愿景的具体化、明确化,强调其对个人愿景的引导和融合,以促使拥有不同民族、文化背景的员工去完成共同的目标。

在现代社会,企业不能仅仅从经济报酬或交换的角度去理解个人和企业的关系。相对于经济利益,员工往往更加重视自我价值的实现和个人能力的提升。企业在制定愿景的时候,应当激发员工自觉参与的意识,理解和尊重员工的个人愿景,并将它们恰当地融入企业愿景中。通过这种方式生成的企业愿景能够获得员工的认同和响应,能使他们在充分发挥个人能力去达成企业愿景的同时实现自我。

企业愿景还具有软约束的效果。不少国内企业由于管理制度存在缺陷,无法对其经理人形成有效的制约,经理人可以利用制度的缺陷牟取私利。但如果企业愿景融合了经理人的个人愿景,个人利益和企业利益之间就能形成长期意义上的一致性,企业成为帮助他们实现自我价值的平台,因此就能对经理人发挥无形的制约作用。

(四)应对企业危机

在动态竞争的条件下,环境复杂多变且具有很大的随机性,企业的生存面临极大挑战,处理不慎就可能演变为致命的危机。

企业若要应对危机、摆脱困境,就会对愿景有迫切的需要,明确的企业愿景是动态竞争条件下企业应对危机的必要条件和准则。一方面,企业不能停留于简单的刺激—反应模式,光顾着埋头救火而忘记了抽出时间进行必要的长远规划。如果以未来的不可预测或情况紧急为托词而不去明确企业愿景,只是在危机到来时被动应付,那么企业即使能勉强渡过难关,最终也会因迷失方向而无所适从。另一方面,已经拥有愿景的企业在制订危机处理方案时,必须努力遵循基于经济理论、社会道德的企业愿景,必须从企业愿景出发去明确行动方案,考虑所采取的行动是不是与企业一贯的方针和自身承担的使命及社会责任相一致。以愿景为危机处理的基准才能保证企业的长远利益和获得的社会认同。

企业愿景还有可能将危机转化为机遇。所谓机遇,从本质上说是指企业同环境建立良好的、建设性的互动关系;而危机常以某种方式出现,迫使企业必须处理好环境的问题,否则就会在财务、公众形象或者社会地位方面受到损害。但是危机如果处理得当,就可能转变为机遇。世界上成功的企业在面对危机时,往往为了保证愿景的实现而不惜牺牲巨大的当前利益,这些有担当的举动为它们赢得了广泛的尊重,无形中提升了企业形象,提高了它们在消费者心目中的地位,这些都为以后的市场开拓提供了便利。

（五）累积企业的努力

企业的现状来源于日积月累的努力,而企业愿景就是有选择地、高效地累积这些努力的关键手段。愿景是企业有能力实现的梦想,也是全体员工共同的梦想。愿景能描绘出企业将来的形态,引导企业资源投入的方向。企业有愿景,就可以保持朝着同一个方向前进,在追求短期目标的同时,也可以为中、长期目标的实现奠定基础。共同愿景还能让每一个人的努力产生累积的效果。

企业没有愿景,就会分散力量,也会导致经营上的问题,即使短期内有不错的业绩,也会因为和长期目标不一致,而使各种力量最终互相抵消。不管是旧事业还是新事业,都是为了达成企业的愿景而存在,反过来说,企业有了愿景,才有新事业的诞生。在动态竞争中,环境要素复杂多变,拥有愿景的企业可以在别人还未看见、尚无感觉的时候,先一步开启对未来的规划和准备。经过长时间的努力,当市场机会出现时,企业已经备妥竞争力,从而占据竞争的主动,赢得先动者优势。相反,企业如果没有愿景,只是看着别人的做法亦步亦趋,终究会因为累积的时滞而被淘汰。

（六）增强知识竞争力

当前,企业愿景受重视的另一个理由是组织知识、应变能力等"知识竞争力"作为企业竞争力要素开始受到广泛关注。这些要素的作用的发挥取决于企业愿景这种基于知识资源的管理体系的建立。

传统观念中,企业竞争力是由产品或服务的生产能力、销售能力、资本的调配和运营能力等与企业利润直接相关的要素决定的。但随着企业活动领域的变化和扩大,企业开始重新审视竞争力的来源,组织知识和应变能力受到广泛关注。而企业愿景有助于知识和能力的获取及其作用的发挥。

许多学者把企业组织看作知识主体,把知识创造力看作企业应当追求的竞争力要素。组织知识是企业多年以来周而复始地开发、应用、总结而形成的,是以往采取的众多战略步骤的集合,存在一种路径依赖性。路径依赖性越高,越不易被对手所模仿,企业的竞争优势就越持久。企业如能制定明确的、长期的愿景,保持战略的稳定性和连续性,并保证一切战略战术行动均围绕愿景展开,就能使组织知识具有长期的战略积淀和深厚的文化底蕴,提升其路径依赖性,增强对手模仿的难度。

在动态竞争的条件下,如果不能创造性地、柔韧地应对环境变化,企业本身的生存发展就会出现问题。一般来说,组织取决于战略,战略的张力和柔性决定着组织的灵活程度和应变能力。而企业愿景是战略规划的最终目的和根本依据,其长期性和预见性提供了规避风险的线索。科学明确的愿景决定了企业战略的选择范围,在保证战略方向正确性的同时留有回旋的余地,有助于提升企业的应变能力。

三、企业愿景建设实例

联想集团——未来的联想应该是高科技的联想、服务的联想、国际化的联想。

华为公司——丰富人们的沟通和生活。

迪士尼公司——成为全球的超级娱乐公司。

波音公司——在民用飞机领域成为举足轻重的角色,把世界带入喷气式时代(1950 年)。

苹果公司——让每人拥有一台计算机。

IBM 公司——无论是一小步,还是一大步,都要带动人类的进步。

通用电气公司——使世界更光明。

索尼公司——为包括我们的股东、顾客、员工乃至商业伙伴在内的所有人提供创造和实现他们美好梦想的机会。

宝洁公司——长期环境可持续发展。

麦当劳公司——控制全球食品服务业。

微软公司——计算机进入家庭,放在每一张桌子上,使用微软的软件。

福特公司——汽车进入家庭。

3M 公司——通过积极致力于环境保护、履行社会责任和推动经济发展来实现可持续发展。

花旗集团——一家拥有最高道德行为标准、可以信赖、致力于社区服务的公司。

中兴通讯公司——业界领先,为全球客户提供满意的个性化通信产品及服务;重视员工回报,确保员工的个人发展和收益与公司发展同步提升;为股东实现最佳回报,积极回馈社会;成为世界级卓越企业。

谷歌公司:致力于创建有用的、快速的、简单的、有吸引力的、创新的、适合大众的、有利的、漂亮的、值得信赖的、个性化的应用。

第四节 企业经营管理理念

一、企业经营管理理念的内涵

所谓企业经营管理理念,就是在企业价值观、企业使命和愿景的指导下追求绩效的根据,是对顾客、竞争者及职工价值观与正确经营行为的确认。

那么经营管理理念到底包括哪些内容呢? 可以说,企业经营管理理念会因为各种不同的文化、思想、历史等因素,而有不同的表现与内容。不过,不管背景有何不同,所有企业都有一个概括性的共同目标,那就是对利益的追求。这种对利益的追求或许会因为国家的不同,法律的不同,社会文化、风俗、传统观念的不同而有所差异,但这种差异仅限于程度上的多与少。即使时代有显著的不同,各地的法律规定有很大的差别,企业追求利益的目的也不会有丝毫变更,因此把企业经营管理理念的重心放在如何追求利益之上，或者把经营管理理念跟利益联系在一起，是放之四海而皆准的道理。问题只在于，千万不能和时代的潮流、当下的社会意识观念脱节，不然就会沦为唯利是图的经营管理理念。只有把架构重点置于合情、合理、合法、合乎时代社会及消费者的需要上去设计，才能达成企业真正追求的目标，获取为社会所认同的利益。

综合来讲，现代企业经营管理理念主要体现为：

(1)市场理念。市场理念是企业处理自身与顾客之间的关系的经营管理思想。顾客需求是企业经营活动的出发点和归宿，是企业的生存发展之源。企业生产什么、生产多少、什么时候生产及以什么方式去满足顾客的需求，是市场理念的基本内涵。

(2)竞争理念。竞争理念是企业处理自身与竞争对手之间的关系的经营管理思想。市场竞争是在市场经济的条件下，各企业之间为争夺更有利的生产经营地位，从而获得更多的经济利益的斗争。市场竞争具有客观性、排他性、风险性和公平性的特点。企业对这些方面的认识和态度，反映出企业竞争理念的表现方式和强度。

(3)效益理念。效益理念是企业处理自身投入与产出之间的关系的经营管理思想。效益理念的本质就是以较少的投入(资金、人、财、物)带来较大的产出(产量、销售收入和利润)。因此，企业的效益理念指向的是平衡好投入、转化和产出。

(4)创新理念。创新理念是企业处理现状和变革之间的关系的经营管理思想。企业的创新理念主要体现在以下三个方面：一是技术创新，包括新产品的开发、老产品的改造、新技术和新工艺的采用，以及新资源的利用；二是市场创新，即向新市场的开拓；三是组织创新，包括变革原有的组织形式，建立新的经营组织。

（5）社会理念（生态理念）。社会理念是企业处理自身发展与社会之间的关系的经营管理思想。现代企业越来越感到担当社会责任的重要性。除了生产产品外，企业还负有诸如对生态环境、文化教育事业、社区发展、社会就业的责任。社会理念的核心，就是谋求企业与社会的共同发展。

（6）民主理念。民主理念是企业领导处理与下属之间的关系的经营管理思想。企业的员工蕴藏着丰富的想象力和创造力，应该因势利导。

（7）人本理念。人本理念是企业处理自身发展与员工发展之间的关系的经营管理思想。人本理念强调以员工为中心，以关心员工、爱护员工的人本主义思想为导向。

（8）长远理念。长远理念是企业处理自身近期利益与长远发展之间的关系的经营管理思想。企业领导者如何兼顾两者，是长远理念的核心。

（9）道德理念。道德理念是用来调节和评价企业及员工行为规范的道德标准的总称。对企业来讲，道德理念主要体现为讲信用、讲诚信；对员工来讲，道德理念主要体现为讲公德、讲诚信。

（10）人才理念。人才理念是企业重视人才、爱护人才、合理开发人才、使用人才、留住人才、提升人才的指导思想和观念。

二、企业经营管理理念的表述方法

关于企业经营管理理念的表述方法，其措辞用语并没有固定的模式。一般来说，欧美国家如美国等的企业，通常以比较直截了当的、与营业直接相关的文字去表述，这些文字带有比较具体、容易把握重点的特点。譬如闻名全球的麦当劳的经营管理理念 Q、S、C&V，Q 表示 quality（品质），S 表示 service（服务），C 表示 clean（清洁），V 表示 value（价值）。

东方企业的经营管理理念和西方企业的经营管理理念比较起来，本身有比较抽象和重视精神面的特点。日本的很多企业往往会把诚实、至诚、团结、忍耐、感恩等作为社训或者经营管理理念。我国也有这种倾向。如永续经营、永续服务，心怀大志、放眼天下，与您携手共创将来，都是属于比较宏大而有气魄的表述。至于以哪种风格来表述经营管理理念比较好，那就要根据企业家的价值观、人生观、文化观还有国情来论断了。

三、企业经营管理理念建设实例

（一）海尔的经营管理理念建设

1.海尔的市场理念建设

（1）只有疲软的产品，没有疲软的市场

海尔认为，企业面临产品积压，表面上看是供过于求，实际上是用户的潜在需求没有被满足，因此，他们提出"只有疲软的产品，没有疲软的市场"的理念。他们不是消极地等待市场复苏，而是以不断开发出满足用户多种需求的产品来保持市场销售的旺势。如国内市场上，海尔的"小王子"冰箱非常火爆,就是设计人员因为发现了小孩喜欢在白色的冰箱门上贴卡通画而设计的。后来,根据消费者的需求,海尔又推出一系列"画王子"冰箱,迎合了相当多消费者的心理,市场销售情况非常好。

(2)创造市场,引导消费

海尔认为,市场永远不会被现成地送到企业面前,企业也不可能完全适应、完全达到市场的要求,因此必须自己想方设法创造一个新的市场。实施"标新立异"的市场销售战略,要求不断捕捉比竞争对手更好的市场切入点,在现有的市场争取更多份额,去创造新的市场,开拓新的天地。海尔提出"只有淡季的思想,没有淡季的市场""用户的难题就是我们的课题"等理念,在"标新立异"思路的启发下,千方百计地开拓新的市场,超前发现消费者需求并提前占领市场,取得了市场竞争的主动权。

(3)先难后易,打开国际市场

德国冰箱被称为"世界第一",海尔就选择德国作为突破口,用整整两年的时间,使冰箱产品通过了德国相关部门的认证。海尔的产品已先后进入美、德、法、日等经济发达国家,电冰箱是亚洲出口到德国、美国数量排名第一的产品,洗衣机是出口到日本排名第一的产品,空调是出口到欧洲排名第一的产品。在这样大规模出口到发达国家的带动下,出口到发展中国家市场的问题也迎刃而解,客户主动找上门来,争夺海尔产品的经销权。

2.海尔的竞争理念建设

"永远战战兢兢,永远如履薄冰"是海尔集团首席执行官张瑞敏时常挂在嘴边的一句话。按照张瑞敏的说法,国外企业进军中国的战略非常简单——赢家通吃,他们的目标就是不给本土企业留一点市场和地盘,所以,海尔面对同行业的竞争对手不敢有丝毫放松和懈怠。实事求是地正视挑战的严峻性，充分估计竞争对手的力量和竞争的困难面，向最坏处设想，向最好处努力，这样企业才能走得更远、更好。

3.海尔的人才理念建设

海尔人认为："如果把企业比作一条大河，那么每个员工都是这条大河的源头。员工的积极性应像喷泉一样喷涌而出，而不是靠压或抽等方法强制产生的。"员工有活力，必然会生产出高质量的产品，提供优质的服务，用户必然愿意买企业的产品，大河的河水必然日益丰沛。

海尔要求每个员工除了达到"日清日高"的工作目标和质量要求外，一年内还须有三条合理化建议被采纳。为此，海尔设立了"合理化建议奖"，鼓励员工对企业生产经营管理提出意见和建议，最大限度地发挥员工的积极性、主动性和创造性。

（二）京东的经营管理理念建设

1.京东的市场理念建设

京东的目标客户定位为20～35岁的公司白领、公务人员、在校大学生和其他网络爱好者，销售超数万品牌、几千万种商品，涉及家电、数码产品、母婴、服装等十多个品类。随着生活品质的提升，消费者在购物时的需求越来越明晰,过去千篇一律的商品和销售模式已经无法满足消费者追求个性化的需求。京东从消费者的需求出发,在 2019 年京东"618 全球年中购物节"即将到来之时,制定并发布了 C2M(反向定制)工作五步法,改变消费者"被需求"的现状,让消费者花同样的钱买更心仪的产品。

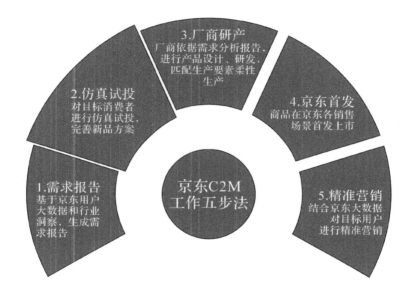

2.京东的创新理念建设

京东仓储引进自动化设备,减少人工配货,提高进货、储存、出货整个过程的效率。京东亚洲一号仓库分为四个区域——立体库区、多层阁楼拣货区、生产作业区和出货分拣区。其中,立体库区利用自动存取系统(AS/RS系统)实现了自动化储存和高速拣货;多层阁楼拣货区配备了各种现代化设备,自动补货,快速拣货,实现了高密度储存和快速准确地拣货及运输;生产作业区采用京东自主开发的任务分配系统和自动化的输送设备,实现了每一个生产岗位任务分配的自动化和合理化,保证每一个生产岗位满负荷运转,避免了任务分配不均的情况,极大地提高了劳动效率;出货分拣区采用自动化的输送系统和代表目前全球最高水平的分拣系统,分拣处理能力达每小时 16000 件,分拣准确率高达 99.99%,彻底解决了原先人工分拣效率低和准确率低的问题。

(三)蒙牛的竞争理念建设

蒙牛倡导宏观联合,坚持协同竞争,在竞争中发展,在合作中双赢。

在蒙牛集团内部,员工们常用狮子和羚羊的故事来强调"快"的重要性。"清晨,非洲草原上的羚羊从睡梦中醒来,它知道,新的比赛就要开始,对手仍然是跑得最快的狮子,要想活命,就必须在比赛中获胜。另一边,狮子的压力也不小,如果它跑不过最慢的羚羊,命运也是一样。当太阳升起时,为了生存下去,最好还是快跑吧!"

(四)伊利的创新理念建设

创新是伊利持续发展的不竭动力,是伊利经营管理过程中恒久不变的主旋律。技术、产品、营销、服务、管理、文化等方面的创新是伊利成功的前提。

伊利的创新包括:

资源模式的创新——以新的方式和途径开发伊利所拥有的各类资源,尤其是价值独特的资源;

商业模式的创新——改变市场游戏规则，创立或导入新的商业运作方式；

产品的创新——开发新的产品和项目，引导市场潮流；

管理的创新——确定新的管理思想，变革管理制度、流程与手段。

员工的创新意识、组织的创新机制和团队的创新能力是三位一体的创新体系。伊利不断进行自我评估，鼓励创造性思维，不断改进工作流程，提高技术水平，力求在发展上有新思路，在改革上有新突破，在工作上有新举措，在文化上有新气象。

第三章

企业制度文化建设要素层

企业制度文化建设要素层主要体现为规定、约束企业和企业成员行为的规范性文化，主要包括企业领导体制、企业组织结构和企业管理制度等基本要素。

第一节　企业领导体制

一、企业领导体制的内涵

企业领导体制是企业领导制度、领导机构、领导方式这三个要素的综合。

（一）领导制度

领导制度是指领导者在领导过程中遵守的规则和程序，是领导活动的制度化。其核心内容是解决企业内部领导权的归属、划分和如何行使的问题。

我国公司制企业的领导制度是法人治理结构制度,法人治理结构由股东大会、董事会、监事会及经理组成。股东大会由公司股东组成,体现的是所有者对公司的最终所有权;董事会由股东大会选举产生,对公司的发展目标和重大经营活动做决策,维护出资人的权益;监事会是公司的监督机构,对公司的财务、董事及经营者的行为发挥监督作用;经理由董事会聘任,是具体的经营者、执行者。

(二)领导机构

领导机构是指领导者在领导过程中具体的职责分工,是领导活动的组织化。

企业领导机构一般分为三级:高层领导、中层领导、基层领导。大中型企业高层领导一般包括董事长、董事、董事会秘书、监事会主席、监事、总裁等。

(三)领导方式

1.领导方式的内涵

领导方式是指领导者在领导过程中对被领导者采取什么样的态度和方

法,是领导活动的模式化。

2.领导方式的主要类型

(1)按权力控制程度

可分为集权型领导、分权型领导和均权型领导。

(2)按领导重心所向

可分为以事为中心的领导、以人为中心的领导、人事并重型的领导。

(3)按领导者的角色定位

可分为亲和式的领导、标杆式的领导、辅导式的领导、命令式的领导、民主式的领导。

(4)按决策权力大小

可分为专断型领导、民主型领导、自由型领导。

应该说没有哪种领导方式是绝对不好或者绝对好的,只能说,应该根据具体的工作情境、工作内容、工作对象等因素,因时、因地、因人选择适合的领导方式。

二、企业领导体制建设策略

一个企业的领导团队,无论规模大小,都由高层、中层、基层三部分组成,他们在企业中扮演着不同的角色,发挥着不同的作用,关键是怎样把这"三层板"打造成"三合板",使团队充满凝聚力和战斗力。

"火车跑得快,全靠车头带",这句话充分说明了企业领导的重要性。一个企业发展的好坏关键在领导,因为领导是企业的核心。一个优秀的企业领导,应着力抓好以下五项任务。

(一)审时度势,选准目标

什么是审时度势?简而言之就是仔细研究时势的特点,正确把握发展的趋势,从而明确企业的奋斗目标,决定企业做什么、怎么做。

常言说时势造英雄,但英雄也必须适应时势。人不知大势,就难成大事。比尔·盖茨在谈到他成功的秘诀时提出:时机、眼光和立即投入行动,这就是成功的奥秘。

一个人是这样,一个企业也是这样。观察形势时,眼光要看得远,只有看得远,才能走得远。对趋势的变化则要看得准,只有看得准,才能走得稳。对企业的发展目标,一定要清晰明确,只有这样,才会在前进的路上保持信心和力量。

(二)选贤任能,建好班子

战略要靠班子来制定,队伍要靠班子来带领,所以建好班子是加强团队建设的头等大事。怎样建好班子?主要是选好人,用好人,要将那些品德可靠、业务过硬、作风良好、为人可信的人用在领导岗位上。

领导班子建设要抓住以下三个关键。

1. 优势互补，形成合力

五个指头只有握成拳头，才能形成战斗力。我们来看几个团队的例子，可能会受到启发：一是《西游记》中唐僧的团队；二是《三国演义》中刘备的团队；三是楚汉战争中刘邦的团队。这几个团队各有各的特点，但有一个共同的特点，即有一个好的领导，一个明确的目标，一个相互配合的领导班子。

"微信之父"张小龙堪称天才，而天才一般有个性。腾讯例会，张小龙总是找托词不参加，马化腾则对他给予最大限度的包容与理解。张小龙说"起不来"，马化腾就说"以后我的秘书叫你起来"；张小龙说路上太堵怕赶不上，马化腾就每星期派车接他……直到张小龙再也找不出借口。正是马化腾的这种敏锐与包容，与张小龙的天才和个性相配合，造就了目前中国最好的即时通信软件——微信。

2. 有话摆在桌面上，大事集体研究

一个好的领导班子必须团结。领导成员要光明磊落，相互信任。成员之间出现各种分歧是正常现象，但一定要有话摆在桌面上，避免造成误解，相互猜疑。话能不能摆在桌面上，是一个班子能否团结和保持正气的关键。对于关系公司发展的大事，一定要集体研究，共做决定。

3. 领导要以身作则，成员要顾全大局

作为公司的主要领导，首先要考虑公司的核心利益和员工的整体利益，

而不是个人或少数人的利益;其次要带头遵循国家的法律规定和方针政策,带头遵守公司制定的规章制度;再次要带头维护班子的团结和统一,及时发现和处理班子成员之间的矛盾和问题;最后要不断提高班子成员的整体素质和水平。作为班子成员,要维护领导的权威,支持领导的工作,自觉维护班子的整体形象;成员之间要坦诚相见,相互支持,合作共事,和睦相处,努力打造一个团结、和谐的班子,带领员工队伍克难攻坚,开拓创新。

百度早期的时候有一个员工餐厅,中午员工一般都聚集在这里吃饭,由于人多座位少,晚来的员工经常没有座位,要么端着盘子站着吃,要么等别人吃完再坐下吃。有一天,李彦宏到餐厅吃饭,正好没有空位了,他就自觉地站在一边耐心等待,餐厅内众多员工也没有一个人主动站起来给他让座。在李彦宏和所有百度员工看来,来得晚等候一下是应该的,无论你是公司领导还是普通员工。这种做法实际上就是对规则的尊重。这种平等还体现在开会上。在百度的内部会场上,在李彦宏讲话的过程中,任何员工都可以发表自己的观点,或者对他的观点提出质疑。

(三)掌握方向,制定战略

企业制定战略的过程是先确定目标和方向,然后围绕这个目标,明确战略规划、战略部署、战略步骤、战略举措,制定出具体的细分目标和计划,然后分步实施。联想集团采取的五步法很值得其他企业借鉴。

第一步是确定公司愿景。他们提出的口号是:联想要成为长期的、有规模的高科技企业。只追求短期利益的事不做,非高科技领域内的事不做。

第二步是确定中长期发展目标。公司目标的远近大小各有不同,既要有长期目标，又要有近期目标，既要有大目标，又要有小目标。

第三步是制定发展战略的总体路线。这是制定战略中比较重要的部分，有比较具体的步骤。一是制定前的调查和分析，包括对外部环境的调查分析——对世界和地区的政治、经济方面的调查分析，对本行业的状况和前景的分析。二是对内部资源能力的审视，包括对形成价值链的各个环节的分析，对核心业务流程的分析，对核心竞争力的分析等。三是对竞争对手的分析和比较，分析竞争对手的战略、实际情况等。在完备的调查分析之后制定路线。

第四步是确定当下的战略目标（总部和各子公司的），并将战略目标分解成具体战略步骤以操作实施。

第五步是检查调整，以达成目标。调整很重要，很少有确定目标后一下子就能达到的，一定要在实施过程中根据实际情况不断做出调整。

（四）建章立制，带好队伍

没有规矩，不成方圆。一个团队、一个企业必须有一套健全的规章制度，这是一个团队具备执行力和战斗力的根本保证。国家有法律法规，军队有"三大纪律八项注意"；治政要从严，治军要从严，治企也要从严。严是爱，宽是害，严格要求、严格管理是对职工的最大爱护，放任自流是对员工的不负责任。

带好队伍要注意做好三件事：

一是充分调动员工的积极性。公司要有一套激励机制，激励的核心是把员工的发展方向和追求与企业的目标融合在一起，这也是企业发展的要求。如果没有共同的利益和目标,每个人都以己为本,就成不了一个企业。

二是提高员工的能力。其中的关键是对领军人物和骨干队伍的培养。柳传志说,领军人物有点像阿拉伯数字"1",后面跟一个"0"就是10,跟两个"0"就是100,三个"0"就是1000,这些"0"虽然也很重要,但没有前面的"1",就什么都没有。

三是健全规章制度,确保整个机器高效运转。在规章制度的制定上,越全越细越好;在规章制度的执行上,越严越狠越好。特别是规章制度中的"高压线",不管什么人,绝对不能闯、不能碰,毫无例外。

(五)搭建平台,各尽其才

现代企业对管理者的认可标准不再是看个人,而是看其领导的团队。要获得认可,领导者就应该多为下属着想,多为他们创造更好的工作条件和更多的发展机会。

领导者一定要为下属留"缺口"。一位著名企业家在做报告时,有听众问道:"你在事业上取得了巨大的成功,请问,对你来说,最重要的是什么?"企业家没有直接回答,他拿起粉笔在黑板上画了一个圆,并没有把圆画满,而是留下一个缺口。他反问道:"这是什么?"台下的听众七嘴八舌,有的说是"0",有的说是圈,有的说是"未完成的事业"。企业家说道:"其实,这只是一个未画完整的句号。你们问我为什么会取得巨大的成功,道理很简单。我不会把事情做得很满,就像画这个句号,要留一个缺口,让我的下属去补满它。"

要树立"天生我才必有用""木匠手里没废料"的用人理念,让每个人的长处和优点都发挥到极致。猴子爱爬树,就给它造一片树林;老虎爱爬山,就给它造一座山。让每个人都各展其才,各尽其用。

要形成一个鼓励成功、宽容失败的机制和氛围,让敢于创新的人大胆去闯、去试。成功了就总结经验,失败了就总结教训,让更多的人才脱颖而出。

要加快对人才的引进和培训。发展高科技企业,必须依靠高端人才,同时要加强对人才的培养,给他们提供学习深造的机会,使整个员工队伍的文化素质和业务能力不断提高。

第二节　企业组织结构

一、企业组织结构的内涵与类型

(一)企业组织结构的内涵

企业组织结构是企业为了有效地实现企业目标而筹划建立的企业内部各组成部分及其关系,是企业的"支架"。如果把企业视为一个生物有机体,那么组织机构就是这个有机体的骨骼。因此,组织机构是否适应企业生产经营管理的要求,对企业生存和发展有很大的影响。不同的企业有着不同的组织结构。影响企业组织结构的不仅有企业制度文化中的领导体制,企业文化中的企业环境、企业目标、企业生产技术及企业员工的思想文化素质等也是重要的影响因素。企业组织结构的搭建，必须有利于企业目标的实现。

（二）企业组织结构的类型

企业组织结构的类型主要有五类：

1.直线制

直线制是一种最早也是最简单的组织形式。它的特点是企业各级行政部门从上到下实行垂直领导，下属部门只接受一个上级的指令，各级主管负责人对所属部门的一切问题负责，企业不另设职能机构（可设职能人员协助主管工作），一切管理职能基本上都由各级主管自己执行。

直线制组织结构的优点是：结构比较简单，责任分明，命令统一。缺点是：它要求主管人员通晓多种知识和技能，亲自处理各种业务。在业务比较复杂、企业规模比较大的情况下，把所有管理职能都集中到最高主管一人身上，显然是难以实现的。因此，直线制只适用于规模较小、生产流程比较简单的企业，生产流程和经营管理比较复杂的企业并不适用。

2.职能制

职能制是除各级行政单位的主管负责人外，还相应地设立一些职能机构。如在厂长下设职能机构和人员,协助厂长从事职能管理工作。这种结构要求行政主管把相应的管理职责和权力交给相关的职能机构,各职能机构有权在自己的业务范围内向下级行政部门发号施令。因此,下级行政负责人除了接受上级行政主管人员的指挥外,还必须接受上级各职能机构的领导。

职能制的优点是能适应现代化工业企业生产技术比较复杂、管理工作比较精细的特点;能充分发挥职能机构的专业管理作用,减轻直线领导人员的工作负担。但缺点也很明显:它妨碍了必要的集中领导和统一指挥,形成了多头领导的局面;不利于建立和健全各级行政负责人和职能机构的责任制,中间管理层往往会出现"有功大家抢,有过大家推"的现象;另外,在上级行政领导的指导及命令与职能机构发生矛盾时,下级就会无所适从,影响工作的正常进行,容易造成纪律松弛、生产管理秩序混乱的问题。由于存在明显的缺陷,现代企业一般都不采用职能制。

3. 直线—职能制

直线—职能制是在直线制和职能制的基础上,取长补短,吸取这两种类型的优点而确立的。绝大多数企业都采用这种组织结构形式。这种组织结构形式是把企业管理机构和人员分为两类:一类是直线领导机构及人员,按命令统一原则对各级组织行使指挥权;另一类是职能机构及人员,按专业化原则从事各项职能管理工作。直线领导机构及人员在自己的职责范围内有一定的决定权和对所属下级的指挥权,对自己部门的工作负全部责任;而职能机构及人员则是直线指挥人员的"参谋",不能直接对部门发号施令,只能进行业务指导。

直线—职能制的优点是:既保证了企业管理体系的集中统一,又可以在各级行政负责人的领导下,充分发挥各专业管理机构的作用。其缺点是:职能部门之间的协作和配合性较差,职能部门的许多工作要直接向上层领导报告请示才能处理,这一方面加重了上层领导的工作负担,另一方面也导致办事效率低。为了克服这些缺点,可以设立各种综合委员会,或建立各种会议制度,以协调各方面的工作,增进沟通,帮助高层领导出谋划策。

4.事业部制

事业部制被戏称为"联邦分权制",是一种高度(层)集权下的分权管理体制。它适用于规模庞大、品种繁多、技术复杂的大型企业,是较大的联合公司通常会采用的一种组织形式。事业部制是一种分级管理、分级核算、自负盈亏的形式,即一个公司按地区或按产品类别分成若干个事业部,从产品的设计、原料采购、成本核算、产品制造,一直到产品销售,均由事业部及所属工厂负责,实行单独核算、独立经营,公司总部只保留人事决策、预算控制和监督大权,并通过利润等指标对事业部进行控制。

事业部制的优点:(1)能较好地调动经营管理人员的积极性;(2)事业部制以利润责任为核心,能够保证公司稳定地获得利润;(3)事业部门独立展开生产经营活动,能为公司不断培养出高级管理人才,为企业未来发展储备干部;(4)每个事业部都有自己的产品和市场,能够自主规划其未来发展,也能灵活地适应市场出现的新情况,迅速做出反应;(5)有利于最高领导层摆脱日常行政事务,成为坚强有力的决策中心。这种组织结构既有高度的稳定性,又有良好的适应性。事业部制的缺点:事业部相对独立,在资源的利用方面带来了一定的负面影响,增加了"内耗"。

5.超事业部制

在事业部制组织结构的基础上,20世纪70年代,美国和日本的一些大公司又采用了一种新的管理组织结构——超事业部制。它在企业最高管理层和各个事业部之间增加了一级管理机构,负责管辖和协调各个事业部的活动,使领导方式在分权的基础上又适当集中。这样做的好处是可以集中多个事业部的力量。

超事业部制的优点:可以更好地协调各事业部之间的关系,甚至可以同时利用若干个事业部的力量开发新产品;减轻高层领导的工作负荷;有利于强化对各事业部的统一领导和有效管理。这种组织结构对规模很大的公司尤为适宜。超事业部制的缺点:增加人员配置和经费开支。

二、企业组织结构建设实例

腾讯历次组织结构变革

腾讯成立于1998年。在这20余年的发展历程中,腾讯主要经历了五次较大的组织结构调整。

第一时期:1998—2005 年

早期腾讯的组织结构采取的是职能式,按照部门进行划分,主要分为技术研发、市场运营、行政人力审计、信息公关等职能部门,且腾讯当时只有一个产品——QQ。

随后几年,随着业务产品的增加,腾讯的组织结构出现了微小的变化。

2003 年,腾讯员工人数达到 614 人,2005 年猛增到 1108 人,2006 年已经超过 3000 人。按照员工人数来说,腾讯在互联网界已经属于大型企业了。这个阶段,腾讯开始出现了"大企业病"。

腾讯当时拥有 30 多个业务部门,层次很多,决策困难,部门关系不太清晰,而且各个部门之间的合作性减弱,恶性竞争开始增多。

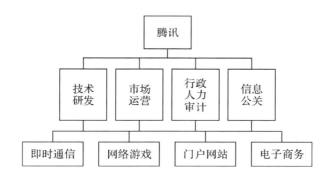

第二时期:2006—2011 年

2006 年,为了适应公司规模的不断扩大,在看到网络游戏、网络媒体、移动互联网的机会之后,腾讯对组织结构进行了大规模的调整。调整后的腾讯分为多个系统:所有的一线业务被整合进 B 线业务系统,分为 B1—无线业务、B2—互联网业务、B3—互动娱乐业务和 B4—网络媒体业务;另外几个系统分别是运营支持系统、R 线平台研发系统,以及直属于公司最高层管理机构的企业发展系统和职能系统。

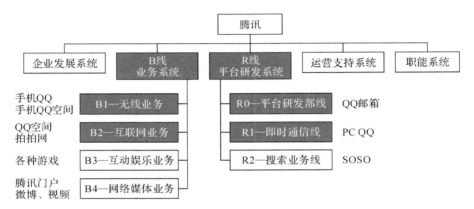

短短五年后,腾讯这次组织结构调整的结果就显现出来了。2011 年,腾讯收入达到 285 亿元,成为国内互联网公司的翘楚。

第三时期:2012—2014 年

很多企业都面临这样的问题:企业做大之后,如何有效消除内部敌人,治疗"大企业病",保持小企业所拥有的灵活性和创新精神?对于这一点,腾讯深有体会。从 2012 年开始,腾讯就不再以业务模块为中心或者以合伙人为中心,而是转为强调以用户为中心,建立事业群制的组织结构。

腾讯成立了六个事业群和一个独立的子公司:企业发展事业群(CDG),由企业发展系统组成;互动娱乐事业群(IEG),由管家团队和互动娱乐线组成;移动互联网事业群(MIG),由原来的无线业务部门与搜索业务线的部分部门组成;网络媒体事业群(OMG),即原来的网络媒体部门;社交网络事业群(SNG),由即时通信部门、社交部门、QQ会员产品部等除电商外的互联网业务部门组成;技术工程事业群(TEG),由原来的运营支持线、平台研发线的研究院、用户研究与体验设计部(CDC)、搜索业务线的部分部门组成。另外,成立电商控股公司(ECC),专注运营电子商务业务。

由此可看出腾讯组织结构调整的目标和特点:重新整合,避免业务线和产品过多导致内部交易费用增加。

第四时期:2014—2018 年

2014 年,由于微信异军突起,腾讯成立微信事业群(WXG),将事业群数量变成七个。微信事业群负责微信基础平台、微信开放平台,以及微信支付拓展、O2O(线上到线下)等微信延伸业务的发展,创始人张小龙出任该事业群总裁。与此同时,腾讯撤销了电商控股公司,把实物电商业务并入京东,把 O2O 业务并入微信事业群。

腾讯的各个事业群都是独立的,都围绕用户来整合各种资源,使腾讯真正成为以用户为导向的事业体。这一时期腾讯组织结构最突出的特点是不搞金字塔式的管理,而是基于用户群体形成大项目里套小项目的项目合作制,一个事业群里有无数的项目组在合作。

第五时期:2018 年至今

2018 年 9 月,腾讯总裁刘炽平宣布对腾讯的组织结构再次进行调整。

此次调整,腾讯将原有的七大事业群调整为了六个,保留原有的企业发展事业群(CDG)、互动娱乐事业群(IEG)、技术工程事业群(TEG)、微信事业群(WXG),新成立云与智慧产业事业群(CSIG)、平台与内容事业群(PCG)。

与此同时,腾讯成立技术委员会,通过内部分布式开源协同、加强基础研发、打造具有腾讯特色的技术中台等系列措施,促成更多协作与创新,提高公司的技术资源利用效率,在公司内鼓励良好的技术研发文化,让科技成为公司业务发展和产品创新的动力与支撑。

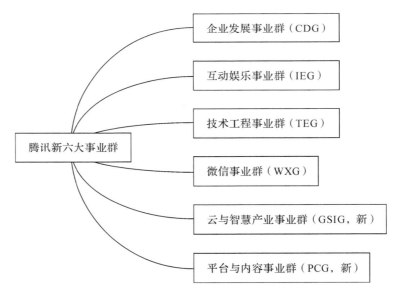

究其根源,腾讯董事会主席兼 CEO 马化腾强调,这是面向"AI+5G"的新技术时代的主动变革,"此次主动革新是腾讯迈向下一个 20 年的新起点,它是一次非常重要的战略升级。互联网的下半场属于产业互联网,上半场腾讯通过连接为用户提供优质的服务,下半场我们将在此基础上,助力产业与消费者形成更具开放性的新型连接生态。作为一家以互联网为基础的科

技和文化公司,技术是腾讯最坚实的底层基础设施,面向 AI 及即将到来的
5G 时代,腾讯将以技术为驱动引擎,探索社交和内容融合的下一代形态",
"我们不只是要专注眼前的业务,更要立足于长远发展。战略升级的同时,
腾讯将继续加强前沿科技的研发"。腾讯总裁刘炽平强调这是战略转型,也
源自危机意识驱动:"我们需要时刻保持清醒,充满危机意识和前瞻性,才能
引领腾讯进入下一个时代。"他还表示,"连接一切"是腾讯的战略目标,"通
过互联网服务提升人类生活品质"是腾讯铭记于心的使命,它们是腾讯不断
进化的动力。

第三节　企业管理制度

一、企业管理制度的内涵

企业管理制度是企业在生产经营活动中制定的关于强制性的义务和保障性的权利的规范。

优秀的企业管理制度必然是科学、完善、实用的管理方式的体现。

二、企业管理制度建设内容

建设企业管理制度一般从以下几个方面着手。

人力资源管理制度:包括员工守则及行为规范、岗位职责(或岗位说明书)、考勤制度、招聘制度、人事档案管理制度、离职制度、企业管理培训制度、人员调动管理制度、奖惩制度、福利管理制度、工资管理制度、绩效考核制度等。

安全管理制度:包括警卫人员值勤制度、防火安全制度、安全生产管理制度、安全保卫制度、事故管理制度、危险物品安全管理制度等。

财务管理制度:包括资金预决算制度、资金管理制度、现金管理制度、财务审批制度、财务盘点制度、审计制度、固定资产管理制度、出纳管理规范、会计档案管理制度、统计管理制度等。

行政管理制度:包括会议管理制度、文件管理制度、报刊邮件函电收发制度、档案管理制度、出差管理制度、车辆管理制度、食堂管理制度、保密制度、环境卫生管理制度、值班制度、办公用品管理制度等。

物资管理制度:包括仓库管理制度、招标采购管理制度、物料消耗定额管理制度、物资库存量管理制度、采购物资价格管理办法等。

生产管理制度:包括车间管理制度、设备管理制度、生产调度制度等。

销售管理制度:包括合同签订制度、产品发运制度、组织回笼资金制度、产品销售信息反馈制度等。

质量管理制度:包括质量信息管理制度、质量审核制度、产品质量档案及原始记录管理制度等。

三、企业管理制度建设意义

（一）保证财产物资的安全

企业在经营过程中应该保证财产物资的安全，它牵涉企业所有者、企业经营者及企业职工的切身利益。完善的企业管理制度能够堵塞漏洞，防止或减少贪污盗窃行为的发生。

（二）保证会计信息和其他信息的真实可靠

会计信息是否真实可靠无论是对于企业内部，还是对于企业外部的有关方面来说，都是至关重要的。就企业外部而言，国家对企业的管理、国家进行宏观调控、企业间进行联营投资、社会集团和个人购买企业的股票或债券等都要建立在真实可靠的会计信息的基础上。就企业内部而言，企业进行业绩评价、预算、决策时更离不开真实可靠的会计信息。建设企业管理制度，有助于将可能发生的会计信息的差错、失误减少到最低的限度。

（三）有利于实现组织的方针和目标

企业在其经营活动中必然会制定各种经营方针和经营目标,作为展开日常经营活动的准绳。健全企业管理制度,可以增强企业对内部的管理,保证信息在企业系统中畅通无阻地传递,并及时收到反馈。对于偏离企业经营范围和经营目标的经济行为,企业可以立即发现并即时反馈到各级管理机构,及时纠正,使企业的经营活动按照既定的方针推进,以实现企业的经营目标。

（四）提高业务处理的效率

企业管理制度要求企业内部各个职能部门之间相互协调和制约。通过授权业务处理,使企业的各个职能部门明确工作的范围、职权和职责,保证各个职能部门各司其职。业务出现问题之时,各职能部门可以根据自己的职责范围及时做出处理,减少不必要的请示和报告的环节,也可以避免相互推诿的情况。通过建设企业管理制度,企业可以提高业务处理的效率。

（五）有利于实现国家对企业的宏观控制

企业在其发展过程中必须自觉接受国家的宏观指导和控制。作为宏观控制的手段,国家制定和颁布了一整套财政法规及纪律,公布了相关的会计准则、会计制度和财务制度,企业必须自觉遵守各项法规,按国家的统一要求提供会计信息。企业管理是否到位会影响国家对企业的宏观控制的实现。企业通过建立管理制度进行自我约束,遵守国家法规,有利于实现国家对企业的宏观控制。

四、企业管理制度建设程序

制定企业管理制度不能由企业管理层单方面说了算,搞"一言堂",而应当经民主程序制定。民主程序是企业管理制度建设的准则,其具体的步骤一般为:

1.召开有关企业管理制度的会议,职工人数较多时推选职工代表参加会议,人数较少时由全体员工参加会议;

2.职工代表或全体职工讨论规章制度,对规章制度提出方案和意见;

3.与工会、职工代表或全体职工平等协商,确定规章制度。

为了日后举证方便,要证明与劳动者切身利益相关的规章制度或者重大事项已经经过民主程序,企业应留存一些证明性文件,包括但不限于《职工代表名册》《职工代表大会会议纪要》《职工代表大会决议》《工会或职工代表对规章制度的意见》等。

五、企业管理制度建设方法

（一）借鉴学习

企业在借鉴学习其他企业的先进管理制度时，要巧学活用，不能直接生搬硬套，奉行拿来主义。要围绕自身企业的实际，学习同行同业先进企业的管理新理念。管理者要大胆解放思想，追求管理创新，彻底摒弃陈旧的管理观念，用所学到的、借鉴到的科学管理理念和方法来统一企业员工的认识，使全体员工的思想观念、工作作风合乎自身企业发展前进的要求，使他们主动参与管理，配合支持管理。

（二）不断总结

任何事物的先进与落后与否都是相对的。作为管理者，应当清晰地认识到，把其他企业管理中好的东西放在自身企业中运用并不一定是合适的，要树立管理中的自信：适合自己的才是最好的。因此，我们在新建企业的管理初期，应当结合自身实际需要，在管理实践中不怕困难，不怕挫折，认真审视管理工作中的不足和问题，不断总结、完善、修正，以提升管理水平，建立健全真正意义上的科学的现代企业管理制度。

（三）循序渐进

企业管理制度在管理过程中一般是循着从无到有、从简单到复杂、从困难到容易的顺序推进的，这一循序渐进的原则也是管理规律的反映。贯彻循序渐进的管理原则，要求做到：第一，管理制度设计者要按照管理的系统工程进行编制，不能想当然地让制度有所缺失或出现空档；第二，管理者要从企业管理的实际出发，由低向高，由简到繁，通过日积月累，逐步提高管理制度的针对性和时效性；第三，要将管理制度贯彻到企业各项工作的每一个环节中，建立行政管理制度、人力资源管理制度、安全生产管理制度、财务制度等，实现现代企业管理中责、权、利的有效结合。

（四）特色管理

正确评估、审视自身，走符合企业自身特色的管理道路。常言说得好，"走自己的路，让别人说去吧"，企业管理也是如此。没有绝对的模式，但有相同的框架。专家认为，要形成符合自身特色的企业管理制度：第一是要对制度有效宣传，得到员工的普遍认同，制度才不至于成为空中楼阁，才有可能得到贯彻和执行；第二是对制度执行过程中不断出现的问题和困难，应当有正确的认识和评估，既不附和，也不盲从，既不骄傲自大，也不悲观消极，以科学的、客观公正的态度对待；三是应对制度进行适时的修改和完善，旧的管理观念一旦进入管理者的潜意识，就容易形成刻板印象，很难被推翻，所以因时制宜地进行修改和完善是一个必要的过程，需要管理者有足够的勇气去自我调整和自我否定。

（五）保证执行

现代企业管理制度强调针对性和实效性，注重责、权、利明晰。那么，企业管理制度一旦形成，面临的最大困难是什么？是执行力的问题。决定执行力的主要有三方面的因素：第一，领导管理风格决定企业管理的整体水平和效果；第二，中层管理队伍的管理艺术和水平决定企业管理的综合实力；第三，职工对管理制度的理解和支持程度决定企业管理制度的最终命运。

（六）动态创新

企业的经营环境、经营产品、经营范围、发展战略等是会经常调整变化的，这些因素的变化会相应地引发组织结构、职能部门、岗位及员工队伍的变化，继而会导致遵循、执行原有的企业管理制度的主体发生变化，而与其相关的企业管理制度及其所含的规范、规则、程序等也必然因此发生改变或须进行修改完善。

企业管理制度的动态变化要求企业进行有效的创新。只有创新，才能保证企业管理制度具有先进性和规范性。合理、科学、把握或利用好时机的创新是保持企业管理制度规范性的最佳途径。

六、企业管理制度建设实例

（一）京东的人事组织管理制度

京东人事组织效率铁律十四条	
1.价值观第一原则	8.两下两轮原则
2.ABC原则	9.8150原则
3.一拖二原则	10.24小时原则
4.Backup原则	11.会议三三三原则
5.No No No原则	12.考核铁人三项原则
6.七上八下原则	13.内部沟通四原则
7.九宫淘汰原则	14.组织五开放原则

1.价值观第一原则

京东秉承"价值观第一，能力第二"的用人原则，通过能力、业绩和价值观考察体系量化标准，将所有员工分为五类：金子、钢、铁、废铁和铁锈。价值观很好，业绩、能力也很好的人，是金子；业绩、能力不错，价值观也不错的人，是钢，大部分员工属于此类；价值观不错，但是能力稍差的，是铁；能力不行，价值观也不行的，是废铁；能力很强，但是价值观不过关的，是铁锈，是要坚决去除的。公司倡导"80％钢＋20％金子"的团队结构，以促进团队的稳定和发展。

2. ABC 原则

公司在财权、人权、事权和问责四个方面实行两级决策或追溯制度,即除在审批权限设置中明确规定须经多级审批的事项外,对于一般决策,应在其向上两级中解决,如果涉及相应的风险追责(例如贪腐等),也是向上追溯两级。简单来说,就是按照级别划分,C 级向 B 级汇报,B 级向 A 级汇报。C 级在财务审批、人事管理、日常运营管理等方面提交的审批项,A、B 两级应做出决策(审批项涉及用户体验下降,则必须由 CEO 审批方可执行)。

3. 一拖二原则

对于所有新加入公司的管理者,公司原则上不鼓励过多引进过去单位的下属(公司特批的群体雇佣除外)到其所管辖的部门工作(欢迎推荐到非本人管辖部门),以避免在公司内部产生帮派及小团体文化,增加公司经营管理的风险。如有必要,经其所属线的首席领导批准,最多可引进两个人。该原则同样适用于所有内部调动的管理者(组织架构调整引起的除外)。

4. Backup 原则

Backup(后备)原则指所有总监级及以上管理者在入职一年期满时,必须从价值观、业绩、能力和潜力角度找到经人力资源部和 A、B 两级确认的,至少在三年内可以继任其岗位的候选人。若未达到要求,公司在第二年将不给予该管理者晋升、加薪、股票授予和其他任何附加资源投入（比如领导或负责新业务等）。如果在该管理岗位满两年仍然没有继任者，则该管理者必须离职。

5. No No No 原则

对于其他部门、一线员工和客户提出的与被要求人或部门工作职责范围有关的需求，没有事实或数据能够证明他人需求是不合理的，不允许 Say No。对于涉及两个"凡是"的要求——"凡是涉及客户体验改进的要求，凡是涉及公司未来业务发展的要求"，应认真对待，不允许随意 Say No。如果对涉及上述两个"凡是"的要求 Say No，必须报备被要求人的直接上级或部门负责人共同决策，通过后才能 Say No，且相应"Say No"的邮件在发送给要求人的同时，应同时抄送给被要求人的直接上级或部门负责人，该邮件应留存，便于事后回顾和追溯。

6. 七上八下原则

为适应快速发展的要求，进一步落地"4S"人才观，针对价值观良好、能力达到目标管理岗位任职资格要求 70% 以上的内部员工，尤其是年轻员工，应大胆地予以提拔和任用。针对成熟业务及体系的经理级及以上的管理岗位空缺，坚持内部优先的原则，要求 80% 以上通过内部提拔，为内部员工提供更多的平台、土壤和资源，培养自己的核心管理队伍。

7.九宫淘汰原则

京东每年从绩效和潜力双维度对内部人才进行盘点,根据"人才盘点九宫格"实施相应的管理举措。对于七、八、九格的高绩效、高潜力员工,给予重点发展、培养和激励。对于二格员工(有差距的员工)与三格员工(基本胜任的员工),通过调整岗位、辅导培训等方式优化改善,对于一格员工(问题员工)严格执行淘汰制度。

8.两下两轮原则

所有管理者每年至少两次下一线支援;所有管理者、P/T10 及以上人员、部分产品经理岗(技术研发类)人员每年至少两次去其他部门轮岗(其中至少有一次是去对口业务或协同部门)。每次轮岗时间不得少于一个工作日,上不设限。轮岗发起分为主动申请和业务部门邀请两类,任何部门不得以任何理由(包括数据/信息保密等)拒绝他人的轮岗申请。

9.8150 原则

设置机构要满足一定的管理幅度要求。一般情况下,编制上管理人员含实线和虚线下属的管理幅度不低于 8 人,仅在实线下属多于 15 人时才能设置平级或下级部门。对于业务相对单一(如分拣、包装、配送、客服等)的基层部门,其管理者管理幅度应较大,仅在实线下属多于 50 人时才能设置平级或下级部门,或设置副职(限京东物流区域)。

10.24 小时原则

所有管理者对于任何工作请示及需要批复的邮件,24 小时内必须回复。所有管理者必须保证电话 24 小时开机,并保持沟通渠道顺畅。对于所有需求,所有员工需要在 24 个工作小时内解决,如因特殊原因确实有困难的,需要明确向需求方说明解决时间。

11.会议三三三原则

内部会议要求会议核心内容不超过三页 PPT,会议时间不超过三十分钟,决策会议不能开超过三次。同一问题超过两次会议决策不了,就上升一级做决策,三次会议必须解决问题。

12.考核铁人三项原则

所有员工/管理者的考核 KPI 都不超过三项,超过项列入警示或观测项。全面简化考核 KPI,只聚焦最关键的驱动因素,把精力放到最重要的事情上。

13.内部沟通四原则

(1)内部沟通时间分配"721 原则"。管理者要把 70%的时间用于和下属沟通,20%的时间用于和平级沟通,10%的时间用于和上级沟通。最忌管理者一味唯上,管理者要多和团队/协同部门沟通,以保证执行,促进协同。

(2)汇报讲层级。工作汇报要按照 ABC 原则逐层汇报,避免越级汇报或漏级汇报。就算隔层上级 A 批准,直属上级 B 没有批准,报批也不能正式生效,以保证决策的谨慎性和全面性。

(3)沟通是平的。内部沟通是平的,不讲求沟通双方的级别对等,尤其是跨部门沟通,要打破层级和官僚主义,保证沟通的效率及有效性。

(4)谁牵头谁担责。项目谁牵头,谁就是负责人,就要对整个项目负责到底,就有权指挥、调动全公司资源。项目小组的所有成员,无论在什么部门、什么层级,只要是项目相关方,都要听从项目负责人的安排。如果项目出了问题,最终责任由牵头人承担。

14.组织五开放原则

(1)周报开放。管理者提交周报时,除了抄送隔级领导外,如有涉及其他部门知晓、审批、业务合作或跟进的事项,在不涉及敏感信息的前提下,必须抄送给相关部门,以便协作和快速推进业务。但要避免对非相关部门的抄送。

(2)例会开放。所有一级及以上部门管理者必须开放常规例会日程(除涉及敏感内容外),其他部门总监级及以上管理者可以申请列席参会。在开放名额范围内(不超过参会人数的 1/3),管理者不得拒绝其他部门管理者的列席申请。列席人员要严格遵守会议纪律和信息保密要求(除需要本部门协同/跟进的事项外)。

(3)数据开放。跨部门协同的各方必须主动分享其他部门可能会用到的相关数据,包括资源投入、项目进展、业务管理或其他需要参考的关键数据(除涉及敏感数据外),以实现信息分享透明化。协同部门对协同方开放的数据要严格保密,且应控制在必要范围内。

(4)战略开放。所有管理者都要向下传递公司战略和部门战略,促进员工对战略方向的理解,以达成共识。公司的战略思考和战略举措向所有员工开放,各一级及以上部门的战略思考和战略举措向本部门员工和协同部门员工开放(除涉及敏感信息外)。

(5)人才开放。人才是公司的共享资源,不隶属任何部门或管理者,在全公司范围内开放流动。管理者要服从公司整体的人才调配安排,支持人才内部流动,优先复用内部资源。员工在同一岗位服务满一年即可申请内部调动,现管理者不能以任何形式限制(除非证明会损害公司利益)。员工在同一岗位服务满三年,现管理者要主动了解员工的发展需求,并推荐内部调动机会。员工在同一岗位服务满五年,必须更换岗位。另外,公司严格禁止不健康的人才竞争。

(二)海尔的"SST"管理机制

海尔总结多年的管理经验,探索出一套新型的管理机制——"SST"管理机制。所谓的"SST"管理机制是由索酬(S)、索赔(S)和跳闸(T)三部分组成的。索酬即通过建立市场链,服务好服务对象,从"市场"中取得报酬,每道工序、每个员工的收入都来自各自的"市场"。索赔即体现出市场链管理流程中部门与部门之间、上下道工序之间互相制约的关系,如果谁服务得不好,不能履约,就要被对方索取赔偿。跳闸即发挥闸口的作用,在既不索酬也不索赔的情况下,利益相关的第三方就会自动"跳闸",警示、约束其解决问题。由此,企业内部的上下部门、各个岗位形成了市场关系、服务关系。经由"SST"管理机制,海尔不仅让整个企业直接面对市场,而且让企业里的每一个员工都去直接面对市场,把员工之间的同事和上下级关系变为市场关系,每道生产工序、每个员工都被纳入市场的全方位控制中,以用户的要求制定质量标准,以用户潜在的需求确定产品竞争力,以市场效益来检验员工工作的质和量,其结果是极大地激发了每一位员工的积极性和潜能,从而保证和提高了整个企业的活力和效率。

第四章

企业行为文化建设要素层

企业行为文化是企业精神风貌、规章制度、人际关系的动态体现。其所包含的要素主要体现在两个方面：一是企业员工在工作中的行为；二是与企业相关的员工工作外的行为。企业行为文化建设主要包括晨会、工间舞操、员工标准工作行为、企业文艺体育活动、企业公益慈善活动、职工素质拓展、职业技能竞赛、年会、先进模范(典型)学习等基本要素。

第一节　晨　会

一、晨会的内涵

晨会是指利用上班前的 10～20 分钟时间,全体或部门员工集合在一起,互相问候,交流信息,总结安排工作的一种企业行为文化。

京东创始人刘强东不只习惯晨会,更热衷晨会。多年来,只要没有出差,刘强东必定会在早晨 8 点 30 分准时到公司,与近百名京东管理人员一起开晨会,绝不会缺席。在 10～30 分钟的会议上,刘强东能够快速就各方提出的问题做出决策。京东的晨会制度已经持续了十几年,所有高管必须参加。由于时间较早,晨会甚至会和早餐一起进行。

二、晨会建设意义

1.晨会有利于团队的精神文化建设,使员工保持良好的精神面貌,提高工作布置的效率。

2.晨会是树立企业形象的良好手段,可以恰当展现企业的朝气和活力,显示企业的雄心壮志,打造企业的特定氛围。

三、晨会建设基本步骤

1.集合人员;

2.人员点到;

3.总结前一天的工作;

4.说明当天的工作;

5.宣布工作正式开始。

四、晨会建设形式

（一）店面式晨会

时间：早班之始

地点：店前街旁（以吸引眼球），一定的公共区域之内

人物：营销（业务）一线人员

主持：现场经理（领班）或业务主管

集合令声响起，所有营销（业务）人员准时出列。

服装统一、整齐，所有人挺身直立，双手后背、攥拳，眼睛平视有神。

主管：早上好！

员工：早上好！

主管：今天感觉好不好？

员工：好！

主管总结前一天工作得失，宣布当天的工作安排和注意事项。

随后开始做操。队操可以是运动操、健康操，或结合企业特点、有自己特色的自编操。队操一般不超过 5 分钟，可以口念号令，也可播放音乐。做操不仅是为焕发精神，更是为了吸引眼球，展示企业文化。

操后：

主管：我们的口号是——

员工：××（企业名），必胜！我们必胜！

（二）会议式晨会

会议式晨会与店面式晨会既有共同点，又有不同点。由于在室内召开，会议式晨会时间更长，花样更多，更宜发挥和掌控。

时间：早班之始

地点：会议室

人物：业务人员

主持：部门经理或业务主管

主管：早上好！

员工：早上好！

众人围绕会议桌站立，开始喊口号，如"我是最优秀的！""世上无难事，一定能成功！"等。口号可集体齐声喊，也可挨个喊，声音要饱满洪亮。

接着集体朗读激励式章句，章句不宜过长，应在一百字内。

之后，主管总结前一天工作得失，宣布当天的工作安排和注意事项。宣布事项的时间可根据实际需要调节长短，但应避免过于冗长繁琐甚至无病呻吟，影响当日的士气。

可以在自我激励之后进行自我批评，以诚旁人，磨砺意志。这是因为业务人员每天面对具体的工作压力，需要不断进行意志磨炼，保持冷静坚强。自我批评不是天天需要，宜三五天一次，以免影响士气。

晨会最后可在高唱公司之歌或销售之歌中结束。

当然，实际操作时可根据具体情况适当增减以上环节、内容。

第二节　工间舞操

一、工间舞操的内涵

工间舞操是指企业或者企业部门利用工作中的休息时间,召集员工通过体操或者舞蹈的方式来缓解疲劳、振奋精神,最终达到保护个人身心健康、提升工作效率的目的。

二、工间舞操建设意义

早在 1954 年,国务院(时称政务院)就下发了《关于在政府机关中开展工间操和其他体育运动的通知》，要求各单位必须在每天上午和下午的工作时间中各抽出 10 分钟做工间操。1981 年，在第六套广播体操公布之前，国务院又重申了这份通知，号召全国各级工会、妇联、共青团等组织积极推行广播体操，在社会上再次掀起了班前操、工间操的热潮。

随着人们生活节奏的加快，工作压力的增大，娱乐健身方式的增多，工间舞操逐渐被人们淡忘。目前许多机关事业单位及企业管理部门的人员都以坐办公室为主，有的人在电脑前一坐半天甚至一天，除吃饭外基本不活动。健康保健专家认为，久坐不动会引发多种疾病。有些在写字楼工作的白领抱怨自己常感到头痛、头晕、眼睛发涩、喉咙不舒服、疲倦，可以说是"浑身不舒服"，到医院又查不出什么病。其实，这就是"大楼综合征"，虽还称不上是得病，但已属亚健康状态。专家们多次建议，在紧张忙碌的现代生活中，要学会调整自己的工作节奏，在半个工作日内尽可能安排 10 分钟左右的时间到室外活动，做做工间舞操。

进行工间舞操锻炼和课间操锻炼，除了常说的强健身体外，还有更丰富的科学意义。

（一）恢复大脑皮层的"工作能力"

人体是一个统一的整体，人体的一切活动都是由大脑皮层来指挥的。如果人们长时间从事某项工作，神经中枢长时间处于高度兴奋状态，必然会出现疲劳，乃至引起"保护性抑制"，工作效率就会降低。为了防止以上情况发生，或在以上情况发生时及时缓解，最好在长时间的学习或工作中进行一些体操活动，由此可以使在学习或工作中长时间处于兴奋状态的神经细胞得到积极性的休息，这样，大脑皮层的"工作能力"也可得到恢复和提高。

（二）提高内脏器官的"工作能力"

工间舞操会动用到身体的各个部分。身体各部分肌肉群同时或交替地进行运动，必然会增加机体能量的消耗，从而使代谢能力得到增强。做操时，有机物的分解和能量的释放要求大大增加氧气和营养物质的供应，而氧气和营养物质的供应是由呼吸系统和血液循环系统来负责的。这就迫使人呼吸加深加快，肺中气体的交换量增大，心率加快，心缩力加强，每分与每搏血液的输出量增多。由此可以看出，做操的过程，同时也是呼吸系统和心血管系统得到锻炼、功能得到提高的过程。另外，由于做操过程中肌肉强劲收缩，特别是躯干运动，会影响到人体两大腔，使腹内压增强，进而加快胃、肠的蠕动，这对于提高胃、肠的消化和吸收等功能亦有积极的作用。

（三）促使人体得到全面健康的发展

工间舞操的动作类型多、变化复杂，除了强身健体，还有助于提升人体的力度、柔韧度、灵敏度和协调度。人们可以运用多种动作的组合变化，锻炼某一方面的身体素质，可以提高中枢神经系统对各部分肌肉的控制能力，增强大脑的反应分析能力，使动作更加协调和准确。利用大幅度动作，可以充分伸展人体的肌肉和韧带，提升身体的柔韧性。工间舞操还可以通过使用运动辅助工具,使人体的上下肢和躯干得到均衡的活动,避免单调的运动方式对身体某一部分的损伤,从而实现全身的、全面的、适量的运动,促进身心愉悦。

三、工间舞操建设内容

工间舞操由运动动作、伴奏音乐和指挥口令三部分组成。动作分为热身部分、基本部分和恢复部分。热身部分多沿用传统的"原地踏步"等形式。基本部分多由传统的体操运动组成,即上肢运动、颈部运动、扩胸运动、体转运动、下肢运动、全身运动和跑跳运动。恢复部分多为放松拍打和调整呼吸。

企业选择工间舞操的具体形式时要考虑到参与人员的年龄结构、身体素质等因素。

第三节　员工标准工作行为

一、员工标准工作行为的内涵

员工标准工作行为主要指员工在工作期间必须符合约定俗成的职场礼仪的行为,这些职场礼仪主要包括仪态礼仪、语言礼仪和交际礼仪。

二、员工标准工作行为建设的内容与标准

（一）仪态礼仪

仪态也叫仪姿、姿态，泛指人们身体所呈现出的各种姿态，它包括举止动作、神态表情和相对静止的体态。不同的仪态显示人们不同的精神状态和文化教养，传递不同的信息，因此仪态又被称为"体态语"。仪态是表现个人涵养的一面镜子，也构成个人所在组织的外在形象。其主要包括站姿、坐姿、走姿、蹲姿和表情。

1.站姿

"站如松"道出了站姿的神韵要求：如傲然挺拔的劲松，刚毅英武。正确站姿的基本要求是：从正面看，其身形应该正直，头颈、身躯和双脚应当与地面垂直，身体重心线应沿两腿中间向上穿过脊柱，眼睛平视，嘴微闭，面带微笑；从侧面看，其下颌应微收，双眼平视前方，胸部稍挺，小腹收紧，整个形体显得庄重、平稳。

男子站立时，可双脚并拢，也可双脚叉开与肩同宽。站累时，一脚可向后／向前半步，但上体仍须保持正直，表现出英武、威风之貌，给人一种"劲"的壮美感。女子站立时，可双脚并拢，也可双脚叉开成"V"字形，双膝和双

脚后跟要靠紧,两脚张开的距离约为两拳,表现出温顺、典雅之姿,给人一种"静"的优美感。

2.坐姿

"坐如钟"道出了美的坐姿给人的端正、稳重之感。

正确的坐姿:入座时,要款款走到座位前,转身后右脚向后撤半步,轻稳地坐下,只坐椅子的一半或三分之二,然后把右脚与左脚并齐;入座后,人体重心要垂直向下,上身正直稍向前倾,头平正,下巴内收,脖子挺直,两肩放松,腰部挺起,双手自然放在双膝或椅子扶手上。

3.走姿

"行如风"意为行走时如同吹拂的风,洒脱飘逸。即行走时应步伐稳健,步履自然,不给人以轻佻浮夸、矫揉造作的印象。

男子走路以大步为佳,应昂首、闭口、两眼平视前方,挺胸、收腹、直腰,上身不动,两肩不摇;身体重心稍向前倾,步态稳健,显出刚强豪迈的男子之美。女子走路以小步为美,应当头部端正,目光平和,直视前方,上身自然挺直,收腹,两手前后摆动的幅度要小,步态要自如、匀称、轻柔。

4.蹲姿

正确的蹲姿如下:下蹲拾物时,应自然、得体、大方,不遮遮掩掩;下蹲时,两腿合力支撑身体,避免滑倒;下蹲时,应使头、胸、膝关节保持一定的角度,使蹲姿优美。

(1)第一种:交叉式蹲姿

实际生活中常常会用到蹲姿,如集体合影时前排需要下蹲。女士可采用交叉式蹲姿,下蹲时右脚在前,左脚在后,右小腿垂直于地面,全脚着地。左膝由后面伸向右侧,左脚跟抬起,脚掌着地。两腿靠紧,合力支撑身体。臀部向下,上身稍前倾。

(2)第二种:高低式蹲姿

下蹲时右脚在前,左脚稍后,两腿靠紧向下蹲。右脚全脚着地,小腿基本垂直于地面,左脚脚跟提起,脚掌着地。左膝内侧靠于右小腿内侧,形成右膝高左膝低的姿态,臀部向下,重心放在左腿上。

5.表情

表情是内心情感在脸上的表现,是人际交往中交流的重要方式。在工作交往中,从礼仪角度来讲,要特别注意微笑和眼神的准确运用。

标准的微笑应是:嘴角微微上翘,伴随微笑露出 6～8 颗牙齿,目光友善,真诚,亲切,自然。微笑禁忌包括:忌嬉皮笑脸或皮笑肉不笑(假笑);忌不分场合地笑(如别人焦急、悲伤、痛苦时,庄重的场合下,别人有生理缺陷时,等等);忌在公众场合放声大笑,既破坏气氛,又显得缺乏教养;忌长时间发笑。

眼睛是心灵的窗户,它在很大程度上反映了一个人的内心世界。一个良好的交际形象,其眼神应该是坦然的、亲切的、和蔼的、有神的。人在相互沟通时,正确的眼神注视部位应该是:远观全身,中观轮廓,近观三角(额头至双眼部分)。眼神禁忌包括:忌羞怯飘忽;忌注视时间过短或过长;忌上下打量。

(二)语言礼仪

1.基本礼貌用语

您好、劳驾、请、谢谢、对不起、请原谅、欢迎、再见。

2.称呼类型

称呼姓名:适用于年龄、职务相仿的人或同学、好友之间。

称呼职务:适用于公务场合,对有一定的职务地位的人;切忌把职务搞错。

称呼职业:适用于职业有较高的专业性时,如老师、医生、律师等。

拟亲式称呼:适用于年龄明显大于自己的人,如张阿姨、李奶奶等。

昵称、爱称:用于较亲近的人之间,无特别忌讳。

3.交谈原则

在一般交谈时,要坚持"六不问"的原则(年龄、婚姻状况、住址、收入、经历、信仰等属个人隐私的问题,若非对方主动谈起,应避免问及)。

(三)交际礼仪

1.握手礼仪

握手是最为常见、使用范围十分广泛的见面礼仪。它可以表示欢迎、友好、祝贺、感谢、敬重、致歉、慰问、惜别、鼓励等各种情感。握手虽然简单,但握手动作的主动与被动、力量的大小、时间的长短、身体的姿态、面部的表情及视线的方向等,往往能表现出握手人对对方的礼遇和态度,也能窥测出人的心理奥秘,因而握手是大有讲究的。

握手的主要原则是尊重对方。握手的方法有平等式、乞讨式、控制式、扣手式、抓尖式、死鱼式、虎钳式等。

握手的注意事项如下。(1)握手保持时间:初次见面以 3 秒钟左右为宜,相识之人可据关系亲近而定。(2)握手时的距离:一般以一步左右为宜。(3)握手时的眼神:平静友好地注视对方的眼睛 4~6 秒。(4)握手时的面部表情:以轻松自然的微笑为主。(5)握手的力度:力量适中,体现自然和个性。(6)握手时的问候:常见的有"您好""见到您很高兴"等。(7)戴手套时,一定要取下手套再与对方握手。

2.介绍礼仪

介绍的顺序:一般原则是"受尊敬者有了解的优先权"。应把男士先介绍给女士,把晚辈先介绍给长辈,把客人先介绍给主人,把职位低者先介绍给职位高者,把个人先介绍给团体,把晚到者先介绍给早到者。

为他人做介绍时应态度热情友好,语言清晰明快,面部表情亲切自然。手的正确姿势是掌心向上,胳膊略向外伸,五指并拢指向被介绍者。不可用手拍被介绍人的肩、胳膊和背等部位,更不能用食指指向被介绍的任何一方。

介绍人应站在平等的立场为他人做介绍,不能偏向任何一方。

3. 名片礼仪

递名片时应郑重其事，最好起身站立，走上前去，将名片正面面向对方，以双手或右手交予对方。切勿以左手递交名片。不要将名片背面面向对方或是颠倒着面向对方，不要将名片举得高于胸部，不要以手指夹着名片递给对方。若对方是少数民族人士或外宾，则最好将名片上印有对方认得的文字的那一面面向对方。将名片递给他人时，口头应有所表示，可以说"请多指教""多多关照""今后保持联系""我们认识一下吧"，或是先做一下自我介绍。当他人表示要递名片给自己或交换名片时，应立即停止手上做的事情，起身站立，面含微笑，目视对方。

接受名片时宜双手捧接，或以右手接过，切勿单用左手接过。"接过名片，首先细看"，这一点至为重要。具体而言，就是接过名片后，当即要从头至尾将其认真看一遍。若接过他人名片后看也不看，或手头把玩，或弃之桌上，或装入衣袋，或交予他人，都算失礼。接名片时应口头道谢，或重复对方使用的谦辞敬语，如"请您多关照""请您多指教"，不可一言不发。若需要当场将自己的名片递过去，最好在收好对方的名片后再给，不要"左右开弓"，一来一往同时进行。

4. 电话礼仪

接听电话的七大原则：表明身份、表明目的、称呼姓名、仔细聆听、做好记录、重复重点、道谢/告别。

商务场景中，接听电话的步骤如下。

（1）"三响之内"接洽，即针对所有来电，应在三响之内接起，以体现工作效率。因特殊原因超过三响之后再接听电话，应马上致歉："对不起，让您久等了！"

（2）先问好，再报单位，之后再询问来电目的，这样做的目的是避免对方搞不清身份或者找错对象。如：您好！××公司。请问我能帮您什么吗？需要注意的是，问好、自报单位、询问来电目的的顺序不能颠倒。

（3）电话转接要迅速。若来电是找其他人，要表示"请稍等"，并迅速帮其找到此人，不可大喊大叫。若来电找的人不在，应立即做出答复："对不起，他有事外出，我能帮您什么吗？"

（4）注意聆听。不能打断对方，也不能妄下结论，没听清楚的部分，要请求对方重复一遍，重要的内容有必要重述一遍，以确认无误。听电话时，应不时给对方回应，不能默不作声。接到投诉电话时要耐心。

（5）做好记录。针对来电的信息和事项，应迅速记下来，列明来电者姓名、地址、联系电话等。记录时最好复述信息，以检验是否无误。

（6）做出回应。针对来电中提出的要求或意见，应及时做出回应；若当下无法决定，应在有结果后再致电对方说明。

（7）通话完毕。通话结束时，应表示感谢并告别，要等来电者挂上电话后轻轻放下话筒，任何时候不可用力掷电话。

5.交通工具乘坐礼仪

（1）乘坐公司班车或公司安排的车辆时，应注意上车的顺序：部属先上，领导后上；男员工先上，女员工后上；级别低的员工先上，级别高的员工后上。先上车的员工应该从后排座位坐起，将前排座位空出，留给后上车的员工。下车的顺序是:坐在前排靠近车门的员工先下,坐在后排远离车门的员工后下。

(2)乘坐轿车时,部属、男员工或级别低的员工应主动为领导、女员工或级别高的员工开车门,并请他们先选择车内的位置就座。

(3)乘电梯时,部属、男员工或级别低的员工应主动让领导、女员工或级别高的员工先上电梯。领导、女员工站在电梯的内侧,部属、男员工站在电梯的外侧,站立在操作面板附近的员工应主动为大家操作电梯面板。在电梯内,勿凝视别人,尽量少说话。出电梯时,靠近电梯门口的员工先出电梯,站在电梯内侧的员工后出电梯。

第四节　企业文艺体育活动

一、企业文艺体育活动的内涵

企业文艺体育活动是企业文化建设的重要载体，对丰富职工业余文化生活、激发职工工作热情、增强企业凝聚力和向心力、促进企业健康和谐发展等都具有十分重要的作用。

二、企业文艺体育活动建设内容

企业文艺体育活动大体上可分为娱乐性活动、福利性活动、思想性活动三大类型。

（一）娱乐性活动

这是企业内部（也包括部分以企业名义）开展和组织的文艺体育类娱乐活动，如举办和组织电影放映、录像放映、电子游艺、图书阅览、征文比赛、摄影比赛、书法比赛、周末舞会、文艺演出、春秋季运动会、各种球类比赛、射击打靶、游泳、滑冰、郊游、游园、钓鱼比赛、自行车比赛等。定期举行交流、比赛、展览等活动，不仅可满足不同层次员工对文化生活的需要，而且有助于形成适应现代化生产的文明、健康、科学的生活方式和积极向上的文化氛围。

（二）福利性活动

这主要指企业从福利方面向员工表示关心的各种活动。企业可以通过这些活动，营造浓厚的人情味，形成有利于企业发展的"人情场"，使员工进一步加深对企业的感情，加深对这种福利环境和文化氛围的依恋。

（三）思想性活动

这种活动主要体现为政治性、思想性的文体活动，如形势教育、法制教育、理想教育、道德教育、政治学习和其他相关的思想政治学习，还有如新书报告会、生活对话会、读书沙龙等。

三、文艺体育活动建设方法

开展健康向上、特色鲜明、形式多样的文艺体育活动,不仅能够充实职工的业余生活,满足他们的精神需求,还可以使活动激发出的积极性转化成工作中强劲的精神动力,促使广大职工更热爱工作,从而促进企业的发展。文艺体育活动建设基本方法如下。

(一)领导重视,带头参与

领导重视是企业群众文化建设不断向前发展的关键。只有领导具备充分的认识,才能使活动获得有效的开展。此外,员工文体活动所需的费用开支都需要经领导批准,只有领导重视,才能够让场地、器材等得到落实。

(二)骨干带头,精心组织

员工的文艺体育活动离不开有特长的员工带动,更离不开有效的组织,否则就可能面临人数少、形式化的问题。培养企业文艺体育活动的员工骨干队伍是工会的重要工作,要发挥好工会的作用,结合员工的特长,培养一批优秀的热爱文体活动的员工,使其发挥带头作用。工会应定期组织小组会议,探讨如何开展企业的文体活动、举办什么形式的文体活动,认真汲取员工的意见与建议,制定合理的规划,明确各项活动的时间与参与的员工人数,明确每项活动的组织形式与开展动机,让更多的员工都能参与其中。

(三)全员参与,形式多样

没有职工的广泛参与,开展企业文艺体育活动就会沦为空谈。让尽可能多的员工参与是筹划活动首要考虑的问题。员工是企业活动的主体,他们积极地参与到活动中来,是开展企业文艺体育活动的根本。首先,要做好宣传工作,积极鼓励员工参加。工会可以通过企业的宣传板及会议等多种形式做好宣传工作,重点宣传活动的目的、内容,调动员工参与的热情与积极性,对参与者给予一定的奖励。其次,要考虑到员工之间存在的个体差异,如身体素质情况与个人爱好的差别,开展不同形式的活动。可以开展毅行、郊游、户外烧烤等一些难度低的活动,让每个员工都有参与的机会。最后,在开展文体活动的同时,应定期地组织员工开展参观、读书、交流等活动,做到动静结合,以适应不同员工的兴趣和需求,使员工的业余文化生活更加丰富,彼此之间的感情有所增进。

四、文艺体育活动策划实例

（一）某企业体育活动策划方案

1.活动主题

为了丰富全体职工的业余文化生活，充分调动广大职工的工作积极性，本次活动以"展示职工风采，活跃文体生活，构建和谐企业"为主题，希望能满足职工的精神文化需求，增强员工的凝聚力和向心力。

2.活动组织

主任：×××
委员：×××

3.活动内容

（1）拔河比赛
①时间：×××
②地点：×××

③参加对象及组队方法：

a. 全体职员均可参加；

b. 以部门为单位组队，每队组员 6 人，男女不限。

④比赛办法：先通过抽签分组的方法确定比赛次序，再行淘汰赛直至决出冠军。

⑤奖励办法：奖励团队前 2 名。

(2)乒乓球比赛

①时间：×××

②地点：×××

③参加对象：爱好乒乓球的职工，男女不限。

④比赛办法：男女混合赛，每局 11 分，三局两胜制。通过抽签分组的方法确定比赛次序，再行淘汰赛直至决出冠军。

⑤奖励办法：奖励个人前 3 名。

……

4.活动要求

(1)要高度重视并认真落实活动方案，号召全体员工参与，积极报名，希望他们在活动中愉悦身心，有所充实与提高。

(2)各负责人要严格按照活动要求认真组织每一项活动，相关职工要主动积极配合。

(3)各位职工按报名项目按时参加竞赛，若未按时参加，则默认自动弃权。

(4)注意安全保卫工作，具体由各活动组负责。

（二）某企业文艺活动策划方案

1.活动时间

×××

2.活动地点

×××

3.活动形式

（1）职工同台演出；

（2）抽奖活动：特等奖××名，一等奖××名，二等奖××名，三等奖××名，优秀奖若干名。

4.节目安排

以下为拟定节目数量（各部门如希望增加节目，需先提交申请；如需做节目安排调整，也请提交申请）。

（1）各单位各报节目（每单位××个节目）。

（2）后勤、教辅员工××个节目：生活管理员联合厨房员工××个节目（三个校区各一个）；保安员××个节目；仓管、清洁工、器材管理员、电工联合准备××个节目。

（3）行政及中层以上干部准备××个节目。

共××个节目。

5.表演形式

要求健康向上、形式多样、轻松愉快，可以是舞蹈、联唱、合唱、器乐、戏剧、曲艺、小品、时装表演、短剧、音乐剧等。

以集体节目为主，倡导多人参与，原则上不报独唱、独奏节目。

为确保节目质量，由××部门做好节目预审工作。

6.工作分工

总策划：××

策划：××

导演：××

协调：各级各部门负责人

总后勤部（负责就餐、抽奖、奖品发放、场地布置等）：××

音响灯光：××

舞台监督：××

舞美设计：××

舞台电控：××

摄影录像：××

安全保卫：××

主持：××

7.活动日程

××日前完成节目预审工作(请各节目组准备好后立即报审)。

上报节目：××月××日

上报音乐：××月××日

联排：××月××日

注：每个节目走台不超过 20 分钟；原则上不额外安排时间走台,如确有需要,请主动联系。

正式演出：××月××日

8.准备工作

做好就餐、奖品和场地的相关准备;

音响工作人员和电工应检查和调试好所需设备,并确认现场环节;

若正逢节日,各单位活动较多,各节目组要提前做好服装的筹备;

当日,服装、化妆等工作由各节目组自行解决。

9.注意事项

舞台音响服从工作人员统一调度;

提前三个节目在台下候场,听从舞台监督指挥;

演出期间,管好孩子,注意安全,维持秩序,保证正常演出;

发放奖品时,有序领取;

每个节目的费用支出控制在××元之内,所用票据待演出后上交统报;

各部门领导及职工应积极参与,确保节目水平。

未尽事宜,另行通知。

第五节　企业公益慈善活动

一、公益慈善的内涵

（一）慈善的内涵

中华民族是一个热情仁爱、乐善好施的民族。关于慈善的概念，古已有之。在中国传统文化典籍中，"慈"是"爱"的意思。孔颖达疏《左传》有云："慈者爱，出于心，恩被于业。"又曰："慈为爱之深也。"许慎在《说文解字》中解释道："慈，爱也。"它尤指长辈对晚辈的爱抚，即所谓"上爱下曰慈"。《国语·吴语》中"老其老，慈其幼，长其孤"的"慈"即为此意。"善"的本义是"吉祥,美好",《说文解字》中解释为"善,吉也",后引申为和善、亲善、友好。《管子·心术下》中提到"善气",是"仁善""善良""富于同情心"的意思。《北史·崔光传》中有"光宽和慈善"之句。

中国的慈善思想源远流长,先秦时期诸子百家对此曾有过精辟的论述。老子在《道德经》中说:"上善若水,水善利万物而不争。"孔子曾说:"老者安之,朋友信之,少者怀之。"孟子也有言:"老吾老以及人之老,幼吾以及人之幼。""出入相友,守望相助,疾病相扶持。"

对于什么是慈善,中华慈善总会创始人崔乃夫有极为精辟的概括:什么叫慈呢? 父母对子女的爱为慈,讲的是纵向的关系,如"慈母手中线,游子身上衣"。什么是善呢? 人与人之间的关爱为善,讲的是横向的关系。什么是慈善呢? 慈善是有同情心的人们之间的互助行为。

慈善通常是社会成员基于同情或不忍之心,致力于帮助因社会问题陷于困境的个体,使其获得正常的生存与发展的权利(自然的、受法律保护的、得到社会认可的、受尊重的、健康的、平等的、无障碍的……),比如疾病救助、物资援助、精神抚慰、赋权增能等。慈善的主体可以是个人,也可以是组织,受益者可以是人,也可以是动物等其他生命体。

(二)公益的内涵

公益是个人或组织自愿通过做好事、行善举给社会公众提供公共产品。公益活动是现代社会条件下的产物,是公民与组织参与精神的表征。公益活动要生产出有利于保障社会公共安全、增加社会福利的公共产品。在组织公益活动时,要遵循公德、符合公意,努力形成参与者多赢共益的良好氛围。

公益是社会成员基于社会责任感、使命感，在政府力量之外，主动谋求对公共利益的维护，动员社会资源，优化或重建社会结构与关系，解决或改善社会问题，比如环境保护、生物多样性保护，各种政策倡导、立法推进、文化艺术科学事业发展等。公益的行动主体可以是个人，也可以是组织。公益的受益方通常不是特定的个体，所有社会成员甚至其他地球生物都可能从中获益。比如环保工作改善空气、水源质量，无论是人，还是动物、植物，都会因此受益。

（三）公益和慈善的联系

公益和慈善可以相互转化，同时推进。慈善主体要从关注个体利益转变为关注整个群体、整个社会的利益时，就必须解决背后的根源问题——社会问题（通常由文化观念、制度与市场等因素导致），比如通过社会倡导和实际行动推动政策立法的进步、社会文化与观念的改变，这时慈善维度就转换至公益维度。反之，在推动社会问题解决的过程中，当开始为争取个体利益而行动时，公益维度就转换至慈善维度。

譬如资助贫困学生，帮助学生个体完成学业是慈善，若着手改善当地的产业结构，增加就业机会，带动当地人脱贫致富，或者推动教育资源的重新配置，促进教育权利的公平享有，慈善就上升为公益。无偿帮助一个人戒烟是慈善，但通过政策立法、社会监督推动公共场所禁烟则是公益。给一个老人让座是慈善，呼吁全社会关爱老人，为有需要的人士让座则是公益。一个人捐100元给一个求助者是慈善，呼吁大家积极参与慈善捐助，营造人人互助的社会氛围,推动社会观念的改变及法律政策的改进(比如规范捐赠行为,保证公开透明,保护捐赠人与受助者的隐私等)则是公益。

有些行为或活动则同时具备公益和慈善的属性。比如素食,因其低碳、节能、产生垃圾量少,客观上有利于生态环境保护,是为公益;同时因不食用肉制品,客观上使动物免于杀害或虐待,是为慈善。

现代社会中,公益和慈善往往在表达的时候被统称为"公益慈善"。

二、企业公益慈善活动建设意义

在公益慈善活动的舞台上,企业一直是主角和生力军。企业公益慈善活动具体包括捐款、捐物、组织员工献血和参加包括环保在内的各种志愿服务等。

企业开展公益慈善活动建设有重要意义:

第一,有利于树立企业关心社会公益慈善事业的良好形象。

企业通过赞助社会慈善事业、社会公益活动,可以在社会公众心目中留下其关心社会、致力于公益慈善事业的良好印象,从而赢得良好声誉。

第二,有利于提高企业的社会效益。

企业开展公益慈善活动,有助于赢得社会公众的普遍好感,提高企业知名度和美誉度,进而提升企业的整体形象。虽然这些不能直接转换成经济效益,但为企业的生存、发展创造了一个良好的外部环境,有利于提高企业的社会效益。

第三,有利于扩大企业及其产品的社会影响。

企业在参与公益慈善事业,尤其是赞助体育比赛、文娱活动的过程中,企业名称和产品商标会频繁出现在新闻媒体上,形成一种广告攻势,使企业的知名度大大提高,社会影响也会进一步扩大。在企业的知名度和美誉度提高的同时,企业产品的销售渠道自然也拓宽了。

三、企业公益慈善活动建设实例

(一)公益创投计划

公益创投计划是联想集团承担企业社会责任的创新性探索,对带动中国企业界的力量推动公益事业的发展起到了重要作用。联想第一期公益创投计划于 2007 年 12 月 18 日启动,以"让爱心更有力量"为主题,经过严格评选,在全国范围内资助了 16 家民间公益组织,发放近 300 万元创投款,引起了社会的广泛关注,取得了良好的社会效益。基于第一期公益创投计划对公益事业产生的巨大推动作用,联想集团 2009 年出资 300 万元启动了第二期联想公益创投计划,2010 年启动了"飚爱心,创未来"青年公益创业计划大赛。2011 年 7 月,联想又举办了以"微公益,做不凡"为主题的微公益大赛。联想致力于通过搭建一个展示中国公益组织创新发展的平台,加强与公益组织的沟通,促进企业界、学术界与公益组织的合作,共同推动公益事业发展。

（二）随手公益平台

随手公益平台是搜狐以搜狐微博为平台发起和推出的,这也是国内首个微博公益平台;搜狐微博宣布成立"搜狐随手公益基金"项目,由搜狐董事局主席兼 CEO 张朝阳先生个人捐赠;同时,搜狐微博还面向所有微博用户搭建微博公益平台,号召网友积极参与到随手公益项目中来。

发展民间公益可以作为促进社会和谐和社会发展的一项手段,已经成为各界共识,无论是企业还是个人,都将身体力行做公益看作一项持久的运动,民间公益也因此得到长足发展。尤其是随着移动互联网技术的发展,微博公益方兴未艾。

（三）"惠军直通车 999 公益计划"

2019 年 4 月 15 日,由中国拥军优属基金会举办的"惠军直通车 999 公益计划"启动大会在北京举行。蒙牛集团成为全国首家响应此次公益计划的企业,正式推出"退役军人 999 公益牛奶计划"项目,创新"互联网＋公益"拥军优属模式,在全国范围内寻找 999 个困难老兵家庭,为他们长期提供免费牛奶产品,提高老兵的生活质量,全力响应国家"让军人成为社会最受尊崇的职业"的号召,为行业做出公益表率。

（四）One Today 慈善应用

谷歌曾创设一项服务 One Today，它可以方便人们便捷地对公益事业捐款，每次金额仅为 1 美元。

One Today 每天都会展示一个公益项目，或是偏远地区教学，或是保护野生动物，又或者是在肯尼亚种植树木。用户可以详细查看自己感兴趣的项目，如果想参与，可以通过应用付款。由于每次只捐款 1 美元，并不会给用户造成太大负担。值得注意的是，One Today 并不能随意加入，而是采用邀请制的方式，感兴趣的朋友可以在 One Today 的主页上申请。谷歌还会提示道：如果用户想捐更多的钱，唯一的办法就是通过社交网络邀请更多的朋友来参与，通过人数的累积来助你达成期望的金额；这样也可以借助社交网络，让更多的人知道这一应用。

One Today 上支付方便，而且金额很低，很容易被大众所接受。相比慈善机构支付流程繁琐，以及通常会设一定的捐款额度，One Today 十分"轻量"，几乎没有门槛，很多怕麻烦的民众可以利用它来做慈善，这就充分利用了长尾效应。

One Today 最新颖的地方还在于和社交网络的结合。由于每个慈善项目都是一个故事，带有图片和文字，这种方式易于传播和接受。听一个朋友分享故事远比听慈善机构大声疾呼舒服得多，讲故事的方式也更容易打动人心。捐款因此再也不是一件让人"敬而远之"的事情，人们只需通过倾听故事，就可以奉献爱心。更有意思的是，用户捐款后通过社交网络分享，就将捐款变成了一种社交行动，可以带动更多人加入进来。通过社交网络来改造大众慈善，One Today 可以说是这一领域的首个尝试。

第六节　职工素质拓展

一、素质拓展的内涵

素质拓展起源于国外风行了几十年的户外体验式训练,通过设计独特的富有思想性、挑战性和趣味性的户外活动,提升人们的团队合作精神,坚定积极进取的人生态度,是一种针对现代人和现代组织的全新的学习方法和训练方式。

素质拓展不同于旅游。很多人把素质拓展训练当作是一种短途旅游,这个认识是不正确的。旅游的目的往往是放松身心、开阔视野、增长见识和增进感情,而素质拓展训练的目标则是提升个人和团队的素质,其核心在于对参训者的提升。从手段上看,素质拓展训练通常强调远离喧嚣、投入山水,有时也会引入露营、徒步等训练手段,其目的是给参训者营造一种更加易于投入培训的氛围,而不是为了旅游。

素质拓展不同于体育运动。虽然素质拓展训练以户外活动为载体,但无论是训练目标,还是训练手段,都与体育运动存在较大的差别。体育运动是以身体锻炼和竞技为核心目的的,而素质拓展训练并不强调身体能力的提升,甚至经常会有身体条件并不好的队员主宰一支团队的情况发生。从训练手段而言,素质拓展训练通常以限时完成任务为标准,要求团队成员共同解决问题,体育训练则以重复性强化训练为主要形式。

素质拓展也不同于娱乐。素质拓展训练具备极大的趣味性,但不同于娱乐。娱乐的一个突出特征是没有明显的目的,对应的是某种心理上的满足感,而素质拓展训练的某些项目恰恰是以克服心理障碍、完成心理挑战为目标的。而且,其中更多的内容会侧重于团队建设,这与娱乐性活动的差别是非常明显的。

二、职工素质拓展的主要项目

(一)雷区取水

项目介绍:活动开始前准备好一条边界绳,至少三条活动用的绳、两个矿泉水瓶、三个眼罩。活动时用边界绳铺在地上环绕成一个圆圈,将圆圈内的区域设为"雷区","雷区"中间放置矿泉水瓶设为"地雷"。参加的小组各自推选出一名队员当"排雷者",让其蒙上眼罩,借助现有的工具(绳子)和其他队员的帮助,使身体悬空,将"地雷"从"雷区"中取出。同时,"排雷者"要遵守全身都不接触地面的原则,团队任何成员不得触碰到雷区界限,其余队员使用绳子牵引住"排雷者"进行雷区取水。雷区取水用时最少的一方胜利。

项目目的:提高活动参与者的组织、沟通和协作的能力。

(二)无敌风火轮

项目介绍:活动开始前准备好若干胶带、报纸(也可用其他纸代替)、剪刀。活动时参与人员要将报纸粘贴成一个大圆环("风火轮"),"风火轮"的尺寸要根据本组人员来计算,必须做得足够大,需要容纳本组队员站进去。"风火轮"制作好后,每组队员需要站到自己的"风火轮"圈内,使"风火轮"向前滚动,快速到达指定的地点。用时最少的一队胜利。

项目目的:培养活动参与者服从指挥、一丝不苟的工作态度,增强活动参与者的集体荣誉感。

(三)信任背摔

项目介绍:每位活动参与者轮流站在1.5米左右的背摔台上,背对其他队友,在教练指导下,笔直地向后倒下,背摔台下的队员安全把他接住即为完成。倒下的队员须谨记在倒下时身体一定要笔直,不得倾斜,手部不得有异动,否则可能伤害队员及自己。台下的队员在项目进行中须保持高度专注,眼睛须时刻关注即将倒下的队友以便随时反应,一定要待队友平稳站立方可松手,否则极有可能使队友坠地受伤。

项目目的:提升团队内部的相互信任感;增强活动参与者的自信和自我控制能力,提升其换位思考的意识。

(四)高空断桥

项目介绍:活动开始前在距离地面 8 米左右的高空搭建一座独木桥,但这座桥的中间是断开的,间距大约 1.2~1.4 米,要求所有活动参与者爬上高桥从一侧跨到另一侧,再从另一侧跨回来。活动全过程中,活动参与者必须系好保护绳和安全带、戴好头盔,同时,相关指导工作人员须随时保护活动参与者的安全。

项目目的:帮助活动参与者克服紧张情绪、战胜恐惧心理,建立突破自我、挑战困难的自信与勇气。

(五)翻越毕业墙

项目介绍:活动开始前准备好一面 4.2 米高的墙体,所有活动参与人员在没有任何工具的协助下在规定的时间内完成翻墙的任务,不许从墙体的两侧攀爬。

项目目的:提升活动参与者的团队服从性与奉献精神,促进团队沟通,提高团队协作能力。

（六）穿越电网

项目介绍:活动开始前准备好一张 4 米宽、1.6 米高的绳网(即所谓的"电网","电网"有 15～20 个高低、大小、形状各不相同的网洞,最小的网洞要保证偏瘦的人可以通过),体操垫一块。在不能触"电网"的前提下,将团队所有人员通过网洞输送到网的另一面。

项目目的:培养活动参与者合理计划、有效组织、统一行动、亲密协作的意识,增强其充分利用资源和对资源的配置能力,培养团队科学决策的能力和严谨细致的工作作风。

三、职工素质拓展的基本过程与步骤

职工素质拓展的核心是体验式学习,体验先于学习,学识与意义来自参与者的体验。每个参与者的体验都是独特的,学习的过程中运用的是归纳法而不是演绎法,是由参与者自己去发现、归纳过程中涉及的知识。素质拓展的具体过程和步骤如下。

第一步:体验

此乃过程的开端。参与者投入一项活动,进行观察、表达和行动。初始的体验是整个过程的基础。

第二步：分享

有了体验以后，参与者要与其他体验过或观察同一活动的人分享他们的感受和体验结果，这是很重要的。

第三步：交流

以分享个人的感受为起点，与其他人探讨、交流，以展现自己的内心世界。

第四步：整合

从经验中总结出要点，归纳提取出精华，再以某种方式整合，以帮助参与者进一步定义并认清从体验中得出的结果。

第五步：应用

最后一步是思考如何将这些体验结果应用到工作及生活中。应用本身即是一种体验，有了新的体验，就能形成一个良性的循环。

第七节　职业技能竞赛

一、职业技能竞赛的内涵

职业技能大赛是依据国家职业技能标准,结合生产和经营工作实际开展的,以突出操作技能和解决实际问题的能力为重点的、有组织的群众性竞赛活动。

企业职业技能竞赛既可以在企业内部组织进行,也可以由外界组织进行。企业职业技能竞赛能够激发广大职工学技术、练技能的积极性,提高职工的技能水平,弘扬"工匠精神",加强技能人才队伍建设,提升职工生产工作的主动性和企业发展的动力,有助于营造"大众创业、万众创新"和尊重劳动、尊重技能人才的社会氛围。

　　企业可以结合行业特色和企业发展需求来设置企业内部的职业技能竞赛项目,也可组织职工参与地方政府、国家乃至国际层面组织的职业技能竞赛。

　　目前,我国国内最高级别的职业技能竞赛是由中华全国总工会、科学技术部、人力资源和社会保障部、工业和信息化部共同举办的全国职工职业技能大赛。2018年8月,第六届全国职工职业技能大赛决赛在江苏南京举办。赛后,中华全国总工会授予各工种决赛前三名选手"全国五一劳动奖章";人力资源和社会保障部授予前五名选手"全国技术能手"称号,并授予其技师职业资格,已具有技师职业资格的选手,可晋升高级技师;第六至二十名的选手,可直接晋升为高级工,已具有高级工职业资格的,可晋升为技师;决赛前二十名选手将获得不同数额的奖金。

　　全球地位最高、规模最大、影响力最大的职业技能竞赛,是世界技能大赛,它被誉为"世界技能奥林匹克",其竞技水平代表了职业技能发展的世界先进水平,是世界技能组织成员展示和交流职业技能的重要平台。世界技能大赛每两年举办一次,迄今已有70多年的历史。第41届世界技能大赛于2011年10月4日晚在英国伦敦开幕,中国首次派出代表团,参加数控车床、焊接等6个项目的比赛。在这次比赛中,中国石油天然气第一建设公司员工裴先峰勇夺焊接项目银牌,使中国首次参赛即实现了奖牌零的突破。第46届世界技能大赛将于2021年在中国上海举办。

二、职业技能竞赛建设实例

（一）福耀集团西南片区"E叉杯"叉车职业技能大赛

叉车作为物料搬运的主要设备，其作业效率和安全性一直是各部门关注的焦点，福耀集团希望通过"E叉杯"叉车职业技能大赛，让更多的人了解如何在叉车作业中提高专业技能，使生产更加安全环保、物料搬运更加高效。决赛设立"宽货进窄门""巧绕障碍""叠托盘"三个项目。宽货进窄门主要考验选手们的叉车技巧和心理素质；巧绕障碍主要考验选手们对叉车转弯和行驶角度等的掌控程度；叠托盘主要考验选手们操作叉车的平稳性。

（二）格力电器劳动技能竞赛

格力集团每年都会举行格力电器劳动技能竞赛,挑选出优秀的技能尖兵,给予嘉奖。比赛涉及多个项目,包括焊倒地开关、接冷接头、整机组装 NSJ-8、故障机找茬、丝印操作、缺陷自检、模具装配、订单快速备料等。

（三）娃哈哈职业技能竞赛

娃哈哈 2018 年的职业技能竞赛共有 147 位选手参加，共设叉车、钳工、电工、普车、普铣、数控车工、加工中心、管工、模具抛光、焊工和钣焊团体赛11 个项目，参赛人数、项目设置和参赛规模均创历年之最。

第八节　年　会

一、年会的内涵与意义

年会是企业和组织一年一度的"家庭盛会",主要目的是答谢客户、激扬士气、营造企业氛围、深化内部沟通、促进战略分享、增进目标认同,同时制定第二年的目标,为新一年度的工作奏响序曲。

年会不仅是一个展现企业文化的好机会,还能提升企业内部的凝聚力。年终岁末,各部门在人事方面可能会有相应变动,有期望加薪的未得加薪,有期望升迁的未获升迁,也有关系好的同事被裁员,心里感到难过的,劳资关系相对紧张,人心也容易动摇。举办一场盛大难忘的年会,不仅可以抚慰员工的心理,还可以让员工看到企业的实力,对未来的工作充满信心,甚至可以通过网络视频和口碑相传,引起外界的关注。此外,很多大型企业在各地都有分支机构,员工彼此间不太熟悉,通过年会,可以增进员工间乃至部门间的沟通,更有利于团队建设。年会中,企业高级管理者一般会亲自上台表演节目,和员工同欢乐,这就营造了良好的氛围。

二、年会策划要素

年会策划是一个系统性工程,有很强的专业性,任何一个细节的疏忽,都可能导致年会的效果大打折扣。年会策划必须考虑以下要素:

年会活动场地的选择:是室内还是室外?

年会现场控制:现场总控由谁负责? 如何把控现场效果?

年会场地布置:年会现场需要布置成什么风格,热烈隆重还是风雅大方? 如何突出表现企业文化和品牌风格?

年会预算控制:年会总预算控制、餐费预算控制、节目预算控制等。

年会物料管理:演出服装管理、酒水管理、礼品管理、公司资料管理等。

年会舞台设计:背景、舞台设计和搭建是否请专业公司完成?

三、年会邀请函撰写模板

尊敬的_____小姐/先生：

仰首是春，俯首成秋，_____公司又迎来了她的第_____个新年。我们深知在发展的道路上离不开您的合作与支持，我们取得的成绩中有您的辛勤工作。久久联合，岁岁相长。作为一家成熟专业的公司，我们珍惜您的选择，我们愿意与您一起分享新年的喜悦与期盼。故在此邀请您参加_____公司于____年____月____日在_____(地点)举办的新年活动，与您共话友情，展望将来。如蒙应允，不胜欣喜。

此致

敬礼！

_____公司

____年____月____日

四、年会建设实例

(一)2018 小米企业年会

2018 年 2 月 7 日,小米公司举办了 2018 年年会。在正式开始年会之前,董事长兼 CEO 雷军首先发表了演讲,给小米设了一个新目标:10 个季度内,重回国内市场第一。之后雷军偕各位高层管理者表演了《新长征路上的摇滚》。雷军换上海军衫、军绿裤,系上红领巾,与其他高级管理者一同献上了劲歌热舞,引起了台下的阵阵欢呼。年会上,雷军出场的节目至少有三个,除了开场的《新长征路上的摇滚》,还有魔术表演《心有灵犀》,以及最后的员工合唱《真心英雄》。另外,本次小米年会的奖品可谓丰盛,第一轮抽奖便是小米 AI 音箱"小爱同学"3000 台,此外,还有 1000 台电饭煲、300 台小米扫地机器人、200 台小米 Note 3 及 200 台小米 MIX 2 等。

（二）2019 海尔集团创新年会

　　海尔集团 2019 年创新年会在海尔洲际酒店举办，这是一次大咖云集的开年盛会。当天上午举行的是以"管理创新与内生增长"为主题的物联网大讲堂，2018 年诺贝尔经济学奖得主、纽约大学教授保罗·罗默，"平台设计工具包"（Platform Design Toolkit）的创始人西蒙尼·西塞罗带来主题演讲，并与其他国内外专家、现场嘉宾进行了互动交流，分享顶级管理思想。当天下午，海尔集团董事局主席兼 CEO 张瑞敏带来题为"创世界级物联网模式"的演讲，海尔集团总裁周云杰发布海尔集团 2018 年度市场创新报告，现场还颁出海尔集团 2018 年"三金大奖"。

第九节　先进模范（典型）学习

一、先进模范（典型）学习的意义

企业可以按照不同的主题安排开展各类先进模范（典型）学习活动，号召全体员工认真学习各类先进模范（典型）人物的优秀品质、敬业精神和道德情操，积极践行社会主义核心价值观，努力为公司的和谐稳定发展贡献力量。企业先进模范（典型）人物可以来自企业内部，也可以是企业外部人员。

在庆祝中华人民共和国成立 70 周年之际，国家主席习近平签署主席令，根据第十三届全国人民代表大会常务委员会第十三次会议 17 日下午表决通过的《全国人民代表大会常务委员会关于授予国家勋章和国家荣誉称号的决定》,授予 42 人国家勋章和国家荣誉称号。这些获奖人士无疑是各行各业先进模范(典型)学习的对象。

二、先进模范(典型)学习的方式

企业可以采取观看视频、座谈讨论、交流感想、听事迹报告会等形式进行先进模范(典型)学习活动。企业员工应该立足实际,从学习活动中改善自身不足,增强奉献意识,以饱满的工作热情和积极的工作态度投入到工作中。

第五章

企业物质文化建设要素层

企业物质文化建设以物质为载体,物质文化是它的外在表现形式。企业物质文化建设主要包括企业建筑环境设施、企业标志物、企业宣传品等基本要素。

第一节　企业建筑环境设施

从企业文化建设的角度来讲,企业建筑环境设施包括企业建筑、企业雕塑、办公环境、产品展示设施、职工文体生活设施等。

一、企业建筑

企业建筑的外部形态甚至其基本的建筑材料都是企业文化的物态表现。在进行企业建筑设计时,不能只考虑基本的建筑结构与施工技术,应该从建筑所传达的企业文化的角度出发,以企业精神与企业发展目标为设计的基础理念,融合企业的生产与产品的特性,使企业建筑集企业文化、产品形象于一体。

(一)新东方

新东方大厦坐落于北京中关村核心区,入驻有新东方教育科技集团总公司、北京新东方学校及各在京机构。作为中国最大的民办教育培训机构,新东方正如其总部大厦一般,好似一台动力十足、时刻待发的舰艇,不断出发、不断探索,向全球教育行业尖端的方向乘风破浪。

（二）百度

百度大厦是由北京奥林匹克运动会主体育场"鸟巢"的设计者设计的，以"精于心，简于形"为设计理念。百度大厦呈"目"字形，其长方形的框架被称为"搜索框"，这也正符合百度专注打造搜索引擎的特征。

（三）海尔

海尔集团总部中心大楼坐落在青岛市崂山区海尔路1号海尔工业园最北端。海尔中心大楼建成于1994年10月，采用宫灯式造型，是集科研、调度、交流、接待等诸多功能于一体的建筑。整体建筑外观是方形的，而在一层大厅内向上看，又是圆形的，这体现着管理学上著名的"思方行圆"的理念，即在工作中要将原则性和灵活性有机地结合起来，以达到预定的目标和效果。在这幢大楼的一些设计细节上,体现出浓厚的民族文化。如:四根大红柱子,代表着春、夏、秋、冬四个季节(也有一说是代表海尔的四大支柱产业——科、工、贸、金);大楼地上层数是 12 层,代表着一年的 12 个月;大楼共挂有 24 只大红灯笼,代表着二十四节气;整幢大楼的窗户一共使用了 365 块玻璃,代表着一年的 365 天。

海尔集团董事局大楼的外墙面像波动的海浪,周围草木茂盛,海尔集团董事局主席兼首席执行官张瑞敏就在这里办公。1994 年海尔创业十周年时,张瑞敏曾作文章《海尔是海》,这也正是这幢董事局大楼的设计理念。另外,大楼外观的螺旋曲线,还包含着道家的传统哲学。老子认为,天地万物是从混沌中发展而来。在互联网时代,一切都有很强的不确定性,企业的发展亦是从混沌到有序。

　　海尔集团创牌中心的"创牌"二字,其含义是希望海尔人牢记"创牌"的宗旨,创业,创新,创造用户心中的品牌。建筑外墙镶饰有三原色:红、黄、蓝。每一面外墙都形似"門"字,取自禅宗的"凡墙皆是门",寓意着面对市场挑战时,海尔人要不断创新,努力打开并走进用户的心门,创造用户心中的品牌。

　　海尔集团创牌中心南广场的设计布局与《易经》有关。红色的卦象叫"离",意为光明;蓝色的卦象叫"坎",象征艰险。从不同的方向看,两者组合成《易经》六十四卦中最精彩的两卦。从南向北看,前"离"后"坎",组成《易经》第六十三卦"既济",意指成功。"离"在前,"坎"在后,这是告诫人们,当成功的时候,如果没有想到成功背后隐藏的危机,成功就不会长久。由北向南看,前"坎"后"离",组成《易经》第六十四卦"未济",意思是尚未成功。然而虽然"坎"在前,但其后就是"离",这寓意着遇到艰难困苦的时候,千万不要轻易放弃,坚持下去,迎接你的就会是光明。

二、企业雕塑

　　企业雕塑是为美化企业环境或表示纪念意义而雕刻塑造的,具有一定寓意、象征的观赏物或纪念物。企业雕塑包含非常丰富的内容,其核心是企业的精神文化。

(一)海尔

　　海尔集团董事局大楼南门广场前植有一片香樟树,以不锈钢打造的,横21米、纵7米的巨大"水滴"在香樟树间环绕,香樟与不锈钢、自然与科技浑然天成,融为一体。这一雕塑名为"上善若水"。

步入海尔集团董事局大楼一楼大厅,眼前蓦然出现一条"河流":一座长9.5米的花梨木雕塑横亘眼前,这一雕塑名为"静水流石"。设计者在花梨木上巧妙地雕刻了一股水流,一块被"水流"冲刷的鹅卵石激起的波纹使人顿有置身河岸之感。雕塑旁刻有古希腊哲学家赫拉克利特的哲言:"人不能两次踏入同一条河流。"这座雕塑代表着互联网时代就像奔流不息的大河,下一秒与上一秒相比已是天翻地覆;没有成功的企业,只有时代的企业。

海尔集团董事局大楼旁还有一座牛雕塑,代表创客们创业无畏、坚持不懈的精神。从风水上说,牛还是祥瑞的象征。在"牛"的身后,透迤着九座山峰,象征着就算前方困难重重,但只要执一不失,就会柳暗花明。

（二）阿里巴巴

阿里巴巴有五座著名的雕塑。

1."行"

2015 年 7 月 7 日，马云买来一组雕塑，放置于阿里巴巴总部的西溪园区内。这组雕塑共三座，均为赤身裸体的男子形象，均是头部低垂、迈大步行走之态。这组雕塑是中央美术学院雕塑系第一工作室主任王伟的作品，名为"行"。阿里巴巴将其阐释为三个低头思索的少年,脚下是厚重的坚石,他们低头思索,迈开双腿,阔步向前,以简单快乐的方式活着。

2."愚人船"

这座雕塑中,每个人都在奋力摇桨,但因为用力方向相反,船始终静止不动。它意味着如果没有团队合作,即使聚在一起划船的是一群聪明人,也会像一群愚人一般。这座雕塑的名字即叫"愚人船"。阿里巴巴将其阐释为:方向比努力更重要。

3."转化之夜"

这座雕塑是一个巨人坐在地上,双臂怀抱膝盖,头侧靠在双臂上,身体与一块巨石融为一体。阿里巴巴将其阐释为人与自然的互相转化,如同夜空中的斗转星移,潜移默化。

4."张弓无箭"

这尊雕塑的名字叫"张弓无箭",源自《庄子》中列御寇同伯昏瞀人比箭的故事。阿里巴巴将其阐释为:不同于箭术竞技中偏离方向就是输,所谓的"不射之射",代表的是领悟生命的方式,没有输赢,将自己忘记,将目标忘记。

5．"自我"

这尊雕塑呈现的是一个"纸片人"双手抱腿、低头思考的景象。阿里巴巴将其阐释为：一个人通过经验、反省和他人的反馈，逐步加深对自身的了解。

三、办公环境

（一）办公环境外部的绿化美化

办公环境外部的绿化美化是企业综合实力的外在表现，也是企业形象的体现。企业办公环境的绿化美化对提高职工生活质量，进而提升企业效益有重要的作用。企业办公环境的绿化美化主要包括植物、山水、文化墙等景观的布局。

企业办公环境外部一般会营造假山假水，其意义在于：第一，净化空气，假山喷泉的设置一般会让空气更清新；第二，招福纳财，是福禄的象征。从风水上说，看重行云流水、"石来"运转、"山管人丁水管财"，有山水的地方就会有人气，人气兴旺的地方，风水也会跟着旺起来。

另外，企业常会在办公环境外部放置狮子、貔貅、大象等动物造像。

狮子是中国传统文化中的"神兽"，代表公权和威严，是具有正气的象征，可以避免邪气侵袭，可作为风水吉祥物。通常摆放一对石狮，左雄右雌，张口为雄，闭口为雌，雄狮造型多为脚踏绣球，雌狮脚下多有幼狮。

貔貅是一种凶猛的瑞兽，如凤凰、麒麟一样，分雌性和雄性，雄性为"貔"，雌性为"貅"。貔貅较为流行的形貌是头上有一角或两角，全身有长鬃卷起，有些是有双翼的，尾毛卷曲。传说貔貅触犯天条，玉皇大帝罚他只以四面八方之财为食，吞万物而不泻。因此貔貅被视为招财进宝的祥兽。

大象作为瑞兽的寓意有二：第一，大象可保吉祥、如意、平安；第二，因为大象善用鼻子吸水，而风水中有"水主财"之说，故大象被赋予了吸财、招财的寓意。相比其他瑞兽，大象的"化煞作用"较弱，吉祥的寓意较为突出，因此多被摆设在酒店及企业建筑门前。

（二）办公环境内部的设计布置

办公环境内部即指企业的办公区域，其设计和布置必然会关系到工作人员的安全、舒适程度和工作效率，因此，其安全性与健康性是首要考虑的要素。除此之外，还应密切联系企业文化、企业形象，从整体上来打造办公环境内部的总体风格。

1.谷歌

一进谷歌公司办公楼内部,你就会知道为什么有这么多人愿意在谷歌工作了。公司前台布置有一排日光灯和全世界最先进的投影设备,还有24小时监控背投,可以自动识别来访者。除了这些先进的设备之外,公司主楼内还装饰有老式电话亭,还有维多利亚时代风格的楼梯。

谷歌公司办公楼内散置着健身器材、按摩椅、台球桌、帐篷等生活和休闲设施。整个办公空间采用了不同的色调搭配,明亮鲜活,让人感到轻松自在。而且,每名新员工都将得到100美元用于装饰办公室,可以在自己的办公室中"恣意妄为"。好的办公环境就是要能激发人的潜能;只有让人感到舒适,才会产生好的创意和想法。谷歌没有规定一定要在办公区域内工作,员工可以在任何地方工作,只要能完成任务。

2.小米

小米集团(武汉)第二总部会议室均以武汉高校所在的山头命名。不同的会议室容纳的人数不同。例如,最多能容纳 60 人的会议室叫"珞珈山",VIP 会议室叫"喻家山",容纳 20 人的会议室叫"桂子山",容纳 10 人的会议室叫"南望山""狮子山"……小米集团(武汉)第二总部相关负责人介绍,对于员工而言,公司就像是另一所大学;小米这样做,也是在提醒员工保持年轻的激情和活力,不要忘记终身学习。

3.腾讯

腾讯滨海大厦位于深圳市南山区科技园内,后海大道与滨海大道的交会处,总投资约 18 亿元,建筑面积约 35 万平方米,为腾讯动漫游戏及移动互联网研发基地。作为腾讯启用的全球总部,这座体现着未来感和科技"范"的大楼,被视为深圳新的科技地标。这座大厦不仅外观极具科技感,内部也采用了物联网和人工智能技术,是集数字化、智能化于一体的智慧大厦。比如员工不用刷卡,直接"刷脸"即可进入公司;访客在大堂等待时,可通过手机与 AR、VR 设备进行多种互动;在大厦内部走动时,室内的精准定位技术可以准确到一米以内;下班后,与 QQ 账号连接的智能寻车导航系统可以帮助员工顺利快速地开车回家;已经被纳入大楼物联网的电梯系统,可以让员工提前在微信上预约电梯和到达楼层,再到指定电梯门口等待。考虑到气候条件,如光照和风的方向,以及窗外的视野,大楼的自然采光和通风很好,尤其是办公区域,而且,大楼全部墙体都参考深圳的日照规律设计,自带遮阳系统。

腾讯还通过建立员工数据模型,为滨海大厦整理出了一套"办公空间规划标准",包括员工办公桌尺寸、会议室大小、通道的宽窄等,可以随意调节高度、方便站立办公的小桌也处处可见。另外,楼内还设计了一系列共享休闲区和各种会议室,这些灵活的布局可以让员工根据需求轻松地选择各式办公及会议地点。

4．惠普

美国惠普公司开创了一种独特的"周游式管理办法"，鼓励部门负责人深入基层，直接接触广大职工。为了配合这种管理，惠普公司的办公室采用美国少见的敞开式布局，即全体人员都在一间开放式的大厅中办公，各部门之间只有矮屏分隔，除少量会议室、会客室外，无论哪级领导，都不设单独的办公室，同时不备注职衔，即使对董事长也直呼其名。这样有利于上下沟通，创造无拘束和合作式的工作氛围。

四、产品展示设施

企业通过产品展示设施以潜移默化的方式展现企业文化，给观者带来潜在的感受，让企业的产品、生产模式等在展览中得到观者的认同，传达企业良好的作风，提高企业的知名度和美誉度。

展馆是产品展示设施的主要载体，是主办方用来展示心中所想及所拥有的产品、技术和成果的地方。按照展示媒介，企业展馆可分为实体展馆和网络展馆两类。按照所处的位置和环境，企业展馆可分为三类：第一类是城市中的展馆，第二类是企业中的展馆，第三类是博览会等展会上的展馆。

2010 年上海世博会上的石油馆，展馆外墙布有纵横的油气管道，油气管道形成的网络象征着一个巨大的动力源，极富时代感和行业特色。建筑材料"就地取材"，采用了新型绿色石油衍生品，为观者展示了石油石化产品

的广泛用途。中心部分的主展区播放着 4D 电影《石油梦想》,讲述与石油有关的故事,让观者了解石油的形成过程,设想如果人类失去石油及石油衍生品,生活将会变成怎样。整个石油馆通过多变的室内空间形态和理性分隔,展示了石油行业自强不息、勇于创新的面貌。

五、职工文体生活设施

文体生活设施可以让职工切实感受到企业发展是为了职工、企业发展依靠职工、企业发展成果由职工共享的企业发展理念,也帮助职工确立"每天锻炼一小时、快乐工作八小时、健康生活一辈子"的生活理念。职工文体生活设施主要包括:

运动设施:健身器材、桌球房、乒乓球室、羽毛球场、篮球场等。

娱乐设施:影视放映厅、棋牌室、阅览室、按摩室等。

生活设施:餐饮服务中心、员工食堂等。

"不出百步,必有食物。"谷歌食堂请的是五星级酒店大厨。谷歌特别重视员工的饮食,两位创始人拨出巨额预算,确保提供优质的食物,营造理想的用餐环境。谷歌的雇员来自世界各地,口味千差万别,谷歌因此打造了一支由135名厨师组成的团队,11家不同风格的自助餐厅每天早中晚要准备上万份食物,包括素食、清真食品、中餐、日料、泰餐、韩餐、墨西哥菜、意大利菜等各种风格的饮食。每个员工可以随时享受世界各地的美食。在不同的主题餐厅里,员工可以品尝到各类小吃及饭后甜点,还可以用专用机器自制咖啡和苏打水,随处可见的新鲜水果、饮料、小吃可以随时满足员工的需要。

谷歌办公楼里的健身房设有各式健身器材和跳操室,甚至还有专业按摩房,这是公司为缓解员工长时间端坐电脑前导致的身体疲劳而特意设置的。休息室里的设施也很丰富,如游戏机、跳舞机、台球桌、桌上足球等。如果员工想要小睡一会儿,也没有问题,谷歌提供了各式各样舒服的沙发。当你走进谷歌办公楼,你可以随处看到玩游戏、睡觉和进行体育锻炼的员工。此外,谷歌还提供免费的剪发、洗衣、育婴、泊车和医疗服务,怀孕的女员工可以享受专人泊车服务。

第二节　企业标志物

　　企业标志（logo）、企业旗帜、企业员工工作服饰、企业吉祥物等企业标志物是企业物质文化的典型外在表现形式。

一、企业标志

　　企业标志是富有设计感的能代表企业形象的徽标，它内含企业的关键性信息，更容易让消费者记住企业及其品牌文化。

　　福耀集团全称福耀玻璃工业集团股份有限公司，1987年在中国福州注册成立，是一家专业生产汽车安全玻璃和工业技术玻璃的中外合资企业。福耀集团是国内规模最大、技术水平最高、出口量最大的汽车玻璃生产供应商，其 logo"FY"是中国汽车玻璃行业迄今为止唯一的"驰名商标"。

这一 logo 呈中心对称,上下同一的"FY"寓意了福耀集团顽强拼搏的精神和旺盛长久的生命力。logo 的标准色为福耀蓝,象征着理性、包容、祥和、稳定,体现了福耀集团具有像大海一样的"融五洲技术、聚四海英才"的宽广胸怀。

海尔的 logo 由中英文组成,中文"海尔"是传统的书法字体。这一 logo 的设计核心是动态与平衡,风格是变中有稳。两个书法字体的"海尔",每一笔都蕴涵着勃勃生机,视觉上动感强烈,充满了活力,寓意着海尔人为实现创世界名牌的目标,不拘一格,勇于创新。

Haier 海尔

万科集团的标志语为"让建筑赞美生命",标志由四个"V"组成。其寓意有:第一,四个"V"旋转围合成中国传统民宅中常见的窗花纹样,体现了万科专注于中国住宅产业的业务战略;第二,四个"V"朝向不同的角度,寓意万科理解生而不同的人期盼无限可能的生活空间,积极响应客户的各种需要,创造性地为客户提供差异化的理想居住空间;第三,四个"V"形状规整有序,象征万科推进全新的工业化建筑模式,提高住宅质量水准,减少环境污染和材料浪费;第四,四个"V"相互呼应,循环往复,代表万科积极承担社会责任、坚持可持续发展的经营理念;第五,四个"V"鲜艳活泼,寓意万科员工生趣盎然、健康丰富、充满自信的性格特征。

企业标志的设计技巧很多,概括来说要注意以下几点:

1.保持视觉平衡,讲究线条流畅,使整体形状美观;

2.用反差、对比或边框等强调主题;

3.选择恰当的字体;

4.注意留白,给人想象空间;

5.灵活运用色彩。人们对色彩的反应比对形状的反应更敏锐和直接,色彩更能激发人们的情感。

二、企业旗帜

企业旗帜上通常有企业名称或者企业标志,一般悬挂在企业门口,与国旗并列悬挂,且位置必须低于国旗。企业旗帜蕴涵企业的气质,彰显企业的文化理念,体现企业的精神风貌,展示企业的个性特色,对于企业来说具有十分重要的意义。

　　海尔企业旗帜以企业英文名、象征图案、企业色为基本要素设计而成。旗帜上的方圆图案意为"思方行圆"。"方块"放在阵中排头意为以它为基础向纵深发展,它代表着海尔的思想、理念、文化,它是一个中心,它"指导"着周边圆点的组合,象征在工作中要将原则性和灵活性有机地结合起来,以达到预定的目标和效果。圆点的阵列也有发展无止境的寓意。在日常生活中,人们通常把三视作上升,把六视为顺利,三十六则暗含足智多谋的意思。在海尔企业旗帜上,方块和圆点共三十六个,象征海尔不断上升,不断发展,充满智慧。在日常使用中,海尔蓝色旗帜作为企业形象用旗,红色旗帜和白色旗帜在展览会等宣传展会中使用。

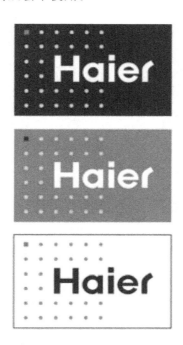

茅台企业旗帜下部的三条曲线寓意有机茅台、科技茅台、人文茅台；中部弧线表现川流不息、源远流长的赤水河，这是企业的源泉，也寓意企业如同赤水河，一浪推动一浪，一浪更比一浪高。在色彩上，黄色是身份与地位的象征，代表茅台特有的文化、特有的历史、特有的品质、特有的地位和"人文茅台"所特有的整合价值；绿色代表企业在"绿色时代"造就的"有机茅台"；银灰色象征企业融合传统工艺与现代科技，不断探索、研究、开发，实施"科技茅台"的战略。

三、员工工作服饰

员工工作服饰包括员工制服及领带、工作帽、工作牌等饰物。

万达集团要求员工上班一律着正装。若员工未在工作时间内穿着正装，员工及其领导均会被罚款 200 元。而且，对于男士和女士的着装要求，万达按季节分别给出了细致的规定。

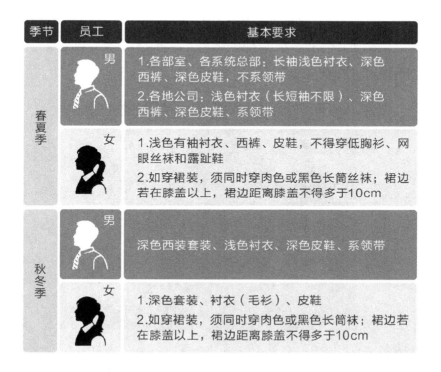

季节	员工	基本要求
春夏季	男	1.各部室、各系统总部：长袖浅色衬衣、深色西裤、深色皮鞋，不系领带 2.各地公司：浅色衬衣（长短袖不限）、深色西裤、深色皮鞋、系领带
春夏季	女	1.浅色有袖衬衣、西裤、皮鞋，不得穿低胸衫、网眼丝袜和露趾鞋 2.如穿裙装，须同时穿肉色或黑色长筒丝袜；裙边若在膝盖以上，裙边距离膝盖不得多于10cm
秋冬季	男	深色西装套装、浅色衬衣、深色皮鞋、系领带
秋冬季	女	1.深色套装、衬衣（毛衫）、皮鞋 2.如穿裙装，须同时穿肉色或黑色长筒袜；裙边若在膝盖以上，裙边距离膝盖不得多于10cm

四、企业吉祥物

企业吉祥物又名商业吉祥物、企业品牌吉祥物，是企业为强化自身的经营理念，在市场竞争中建立良好的识别形象，突出产品的个性特征，选择有亲和力、具备特殊精神内涵的事物，以拟人化的象征手法和夸张的表现形式来吸引消费者注意、塑造企业形象的一种具象化的造型符号。

2013年3月30日，一只名为"Joy"的京东吉祥物正式亮相，它承载着京东对所有用户的承诺和为之付出的努力。狗以对主人忠诚的特点而著称，同时拥有正直的品行和飞快的奔跑速度。Joy的设定是一只能为人带来快乐的金属狗,寓意给用户带来轻松、省心、放心和快乐的购物体验。自此,Joy成为京东的化身,代表京东坚持"客户为先"的原则,努力提升用户体验,不断为用户带来惊喜和欢乐。

蒙牛在20周年庆祝会议上发布了全新吉祥物——蒙思壮,英文名是Mr. Strong。这个名字饱含深意,寄托着蒙牛一直秉承的"以消费者为中心,成为创新引领的百年营养健康食品公司"的发展理念,及其对品质的极致追求,用高品质的乳制品营养国人、强壮国人的愿景。

第三节　企业宣传品

企业宣传品主要包括企业歌曲、企业内刊、企业纪念品、广告等。

一、企业歌曲

企业歌曲是以激励员工士气、提升员工工作动力和精神状态为目的而创作的歌曲。其传唱范围大多只在企业内部，也可以用于对外展示或宣传。

（一）福耀集团歌曲——《透明的世界》

纯洁的心灵，一片透明

纯真的笑脸,一片透明

真挚的友谊,一片透明

高尚的情操,一片透明

为了一片透明,我们历尽艰辛

为了一片透明,我们奋力拼搏

福耀,托起透明的世界

福耀,展示亮丽的前景

春满中华,福耀人间

福耀的祝福,每一片都是透明

伟大的事业,一片透明

卓越的品质,一片透明

诚信的追求,一片透明

精彩的人生,一片透明

为了一片透明,我们走到一起

为了一片透明,我们同德同心

福耀,托起透明的世界

福耀,展示亮丽的前景

天长地久,福耀全球

福耀的承诺,每一片都是透明

(二)格力集团歌曲——《格力之歌》

我们永葆昨天的昂扬

回首创业的岁月苍茫

从不言败浩歌高唱

格力蔚为国光

格力属于中国和世界

我们信守自己的诺言

忠诚友善勤奋进取

让格力永远永远辉煌

我们把握今天的韶华

搏击时代的惊涛骇浪

同心携手再创高峰

格力拥抱太阳

格力属于中国和世界

我们信守自己的诺言

忠诚友善勤奋进取

让格力永远永远辉煌

我们走向明天的辉煌

笑迎世界的风云浩荡

宏图在握满怀信心

格力地久天长

格力属于中国和世界

我们信守自己的诺言

忠诚友善勤奋进取

让格力永远永远辉煌

格力属于中国和世界

我们信守自己的诺言

忠诚友善勤奋进取

让格力永远永远辉煌

企业歌曲能让员工加强对企业的了解,从而更加热爱自己的工作。其歌词要表现出企业的风貌、特点、经营理念,能够展现企业的风采,其歌曲除符合优美动听的基本要求外,还应富有企业特色,包括企业的历史特色,以及企业所在的行业特色和地区特色等。若在对外传唱企业歌曲的时候,人们可以了解到企业文化的核心信息,进而建立对企业的好感,那么企业也就在一定程度上树立了良好的品牌形象。

二、企业内刊

(一)企业内刊的内涵

企业内刊,顾名思义,就是一个企业的内部刊物,是不具有正式刊号的主要用于对内对外交流的刊物,或为周报,或为月刊、半月刊、双月刊等。有的企业内刊重于对外宣传,有的则重于对内教化,但有一点始终是明确的,那就是为企业文化服务。企业内刊是企业文化的载体,也是企业信息上通下达的传递渠道和舆论宣传阵地。

（二）企业内刊的功能

1.传播企业文化

　　建立并传播企业的经营理念、价值理念等是企业文化建设的重要任务，在这个过程中，充分沟通尤为重要，而企业内刊正是企业实现对内对外沟通的有效手段。在企业内刊的采编过程中，通过访谈、挖掘、深化，员工在对企业核心理念的认识上有了充分的交流，情感得到反映，思想有所沟通。在企业内刊的传播过程中，企业形象和员工风采得到了充分展示，员工的自信心和对企业的自豪感有所增强，这在无形中优化了企业发展环境。而且，企业内刊旗帜鲜明地唱响企业追求什么、倡导什么、做什么、反对什么的主旋律，能够使企业文化内化于心、外化于行，形成企业员工的群体性心理，在员工中发挥舆论导向的作用。

2. 服务企业发展

企业的发展战略描述了企业未来的发展方向,反映了企业的总体规划,企业内刊的任务就是充分发挥宣传阵地和企业喉舌的功能,迅速及时地将企业的发展战略传递给广大员工,方便其贯彻落实。企业内刊可以围绕企业发展战略,精心组织版面和内容,有针对性地开展宣传报道,全方位、多方面地调动一切有利因素和积极力量,发挥整体协同效应,既宣讲清楚形势和任务,又着眼于督促提高执行力。

3. 弘扬模范人物

先进典型、模范人物是企业的"英雄",他们的思想水平较高,业务技能突出,爱岗敬业,是企业先进文化外化于行的生动体现。企业内刊可以精心设计采访,深入基层调查研究,扩大先进典型宣传的覆盖面,宣传好模范人物,运用他们的示范作用和精神力量教育、引导、鼓舞其他员工,以沉淀企业的精神力量,树立起工作实践需要、员工普遍关注并且值得学习的榜样。

福耀集团月刊《福耀人》发行"七一"红色党建专刊,举行"寻找最美车间、最美党员活动",挑选福耀集团的"党员先进模范",对他们进行表彰,号召员工向他们学习。

4.记录企业成长

企业的成长历史、发展历史本身就是企业的无形资产,企业内刊充当着记载企业历史的角色,在宣传报道的同时,也完成了对企业历史档案的保存。一部完整的企业内刊,便是一部齐全的企业发展的历史档案,是企业奋进、崛起、战胜困难的生动见证,也是企业精神不断传递又不断沉淀的缩影。企业内刊既提供原始资料,又是提炼企业文化的宝库。

海尔集团曾经出版了一部内刊——《海尔人话海尔》,其中收录了近百篇以海尔创业 20 周年为主题的征文。这些收录的文章真实记载了一位位海尔人或关心海尔的人亲身经历的、亲眼看见的海尔 20 年来的发展历程，其中充满了催人泪下的创业故事、鲜为人知的发展挫折、催人奋进的理想和情怀，还有海尔的每一次变革与创新给海尔人的心灵带来的震动。不同的文章即是海尔人用不同的视角对海尔的发展历程的见证。

三、企业纪念品

纪念品是指可以承载纪念意义的物品，通常是实物，能长时间保存，在人际交往中可以起到增进感情、加深印象的作用。企业纪念品在某种程度上也承载了企业文化,起着传播企业形象、强调企业品牌的作用。企业纪念品的种类主要包括文化衫、领带夹、打火机、钥匙牌、雨伞、纪念章、礼品袋、玩具等。

现今,很多企业会选择定制版纪念章作为企业的代表性纪念品。企业选择定制版纪念章的主要意义有:第一,可根据企业文化进行相关的设计与定制,间接地彰显企业良好的文化底蕴;第二,定制版纪念章具有一定的收藏价值。例如,给员工颁发纪念章,在纪念章上雕刻员工的姓名,代表公司不忘员工对企业的付出,是一种极好的奖励。有的企业定制的纪念章是由纯金打造,本身就有很高的价值,再加上企业对设计、铸造工艺及贵金属成色标准的要求高,就使得纪念章更具有收藏意义。

在海尔文化展的展馆里,有一件展品十分著名,与其他精美的展品不同,它是一把不起眼的大铁锤,是当时张瑞敏砸冰箱所使用的大铁锤的复制品。张瑞敏那一"疯狂"的举动,着实震惊了当时在场的所有员工。但在张瑞敏看来,当下生产出了76台不合格的冰箱,今后就有可能生产出760台,甚至7600台,他要打破员工对不合格产品的容忍。这一砸,不仅砸毁了不合格产品,也"砸醒"了在场所有工人,更意味着中国企业不仅追求生产的速度和效率,更逐步重视起产品质量和用户体验。

四、广告

广告,顾名思义,即广而告之,向社会广大公众告知某件事物。企业广告是以营利为目的的广告,它是为推销商品或服务,以付费方式通过广告媒体向消费者或用户传播商品或服务信息的手段。

广告媒体是传播广告信息的载体,是在广告主与广告宣传对象之间起媒介作用的物质手段,也是生产者与消费者之间的桥梁。广告媒体的选择是企业广告活动中的重要一环,其选择是否恰当,直接影响广告效果的优劣和整个广告活动的成败。现代社会所有的传播方式都可以用作广告媒体,但目前广泛使用的主要还是报纸、杂志、广播、电视、户外广告、互联网等。

（一）报纸

报纸是广告媒体中历史最悠久的一个，迄今仍是运用最广、最难替代的广告媒体。它具有以下优点：

1.传播面广。报纸发行网遍布城乡各个角落，基础发行量大。目前我国发行的报纸类型有日报、晚报、周报及各种专业类报纸。《人民日报》《光明日报》《工人日报》《北京青年报》等的发行量都在 100 万份以上。

2.时效性强。一般在报纸上刊登广告，读者很快就可以读到。

3.印象深刻。报纸便于消费者收集、保存、查阅，特别适合那些信息复杂、专业性强的广告。报纸上的广告可以有计划地反复刊登，给消费者明确、深刻的印象。

4.简易灵活。报纸广告制作简单，广告版面的大小、色彩和相关细节容易掌握，改动方便，广告主还可根据产品特征灵活选择发布地区和对象，有较强的针对性。

5.具有权威性。报纸在读者心目中的信誉度较高，它所发布的新闻消息具有一定的权威性。

报纸尽管优势明显，但也有自身的缺陷：报纸只能提供静止的画面，因而无法表现产品的声效、动态和全方位的外观细节；报纸内容庞杂，包罗万象，容易分散读者的注意力；报纸对读者群的文化水平有一定的要求，也就限制了广告的受众面。

（二）杂志

杂志不像报纸那样以新闻报道为主，而是以各种专门的知识来满足各类读者的需要。杂志广告具有以下特点：

1.宣传针对性强。杂志读者一般都是对某个专业、某个领域感兴趣的读者，在杂志上做广告可以有的放矢。宣传不同的产品，可以选择不同的杂志刊登广告，把广告宣传的产品、服务同消费者的爱好、兴趣紧密联系起来。

2.广告有效期长。杂志的周期短则一周，长则可达半年甚至一年，人们阅读杂志的时间较充裕，因此，同一广告有机会重复出现在读者面前。而且，杂志上刊登的信息具有资料性和持久性，广告的效力自然也就比较持久。

3.广告对象理解度高。订阅杂志的读者一般文化水平较高，对杂志的内容有一定的研究，消费能力普遍较强，对新产品的反应较为敏感，因此易于接受杂志的广告宣传。他们大都具有专业知识，对于杂志上专业性强的广告，也就更容易理解。

4.制作精美。杂志制作比较精细，纸质优良，印刷效果好，故而杂志广告能够较好地表现产品的外观形象，丰富的色彩有助于调动人的情感与想象，相较于多数黑白印刷的报纸，效果强上许多倍。

杂志广告的不足之处有：设计复杂，出版周期长，容易失却广告的时效性；杂志页数多，广告插页被忽略的可能性较大；杂志封面和封底的广告效果最好，但费用昂贵，使用受限。

（三）广播

广播是利用电波传播声音的工具，它通过语言和音响效果，诉诸人的听觉，充分发挥声音的节奏感及情感色彩等方面的特点，唤起人们的想象。其优点主要表现在：

1.迅速及时。不受地区、交通、距离、气候条件的限制，能以最快的速度把广告信息传递到城市、乡村甚至全国各地。

2.覆盖面广。广播持续时间长，从早到晚都有节目播出。随着收音机质量的提高和小型化，广播更发挥了便利性的优势。听众可以在室内或旅途中随时收听，不受地点、环境的限制。

3.具有较高的灵活性。广告内容可长可短，形式多样。任何可以用声音来表现的广告内容，包括音乐、口号、对话、相声等，都可以通过广播来传播。

4.价格便宜。广播广告制作简便，收费低廉。在国外，同一时段内广播广告的价格为电视广告价格的四分之一，而在我国，广播广告的价格甚至不到电视广告价格的十分之一。

广播媒体的局限性是：时间短暂，稍纵即逝，不如视觉媒体给人的印象深刻和容易理解；听众分散。一般来说，复杂、新奇、外观引人注目和使用有一定难度的商品，不适于在广播媒体上做广告。在选择广播广告时，要注意节目编排情况，合理安排时间、次数和播音风格等。

（四）电视

电视是一种兼顾听觉和视觉的现代化广告媒体，它集众广告艺术之长，综合运用文字、图像、色彩、声音等丰富多彩的艺术表现手段。作为广告媒体，它拥有其他任何媒体难以比拟的优势。

1.形象生动，感染力强。电视广告以独特的技巧，集声色之美，兼视听之乐，造型突出，具有一定的知识性、情节性与趣味性。形式多样的电视广告不仅可以具体生动地反映商品的特点，而且富有强烈的表现力和感染力，能给观众以美的享受，在不知不觉中说服观众购买商品。特别是电视广告中的产品商标或企业 logo，能给人以突出的印象。

2.直观真实，理解度高。电视能够直观地、真实地传播信息，既可演示，又可解说，具有其他广告媒体所没有的强烈的心理感染力。这种逼真的效果为企业展示产品特色、树立品牌形象提供了良好的条件。

3.深入家庭，影响面广。电视在我国已经基本普及，电视机在寻常百姓家已不鲜见。

电视作为广告媒介的局限性在于：广告信息在观众面前一瞬而过，难于再现和记忆；广告制作费用很高；观众不能根据自己的喜好任意选择电视广告，穿插在节目之间的广告具有强制性，容易招致观众反感，影响广告效果。

（五）户外广告

户外广告通常有路牌广告、霓虹灯广告、交通广告和空中广告等，主要分布在交通要道、商业闹市、旅游胜地、机场车站和公共娱乐场所等行人密集的地方。户外广告主要用于补充其他广告媒体的不足，它面对的是流动性的受众，不可能选择受众类型（除非是在具备某一特点的区域或某一社团的所在地发布的户外广告），因此其特点是行人随时随地都有可能看到，相比其他的广告媒体，它能更广泛地接近受众。但是，由于受众往往是在行动中无意识地接触，时间短促，距离可能较远，所以其广告效果无法准确测定。这也就是为什么户外广告保留期长，但仍被算作瞬时媒体。要充分适应这些特点，户外广告的内容应简要、明快、色彩鲜艳、富有感染力，突出表达商品的特点，以吸引行人的注意。这种广告形式不适宜复杂的产品。

茅台酒瓶式楼位于贵州省仁怀市盐津河旅游风景区内，遵义市至仁怀市的公路旁的一个山峦上，距仁怀市中心约5公里。建筑面积750平方米，总高度为31.25米。它由巨型"茅台酒瓶"、仿古"桌子"、"凳子"及大型多层台基组成。其中酒瓶外形尺寸为实际茅台酒瓶尺寸的100倍，体积约是实物的300万倍。"瓶"与"桌"融为一体，构成酒瓶式楼，共七楼一底。1996年建成后，被评为全球最大的实物广告。该工程花费约215万元。

（六）互联网

互联网是利用通信线路将若干台电脑有序地联结在一起,成为一个可以制造、加工、传递、处理信息,实现信息资源共享的信息系统。它作为一种广告媒体的主要特点有:

1.信息量大。在报纸、杂志、广播、电视等大众媒体上,由于受到版面、时间等因素的影响,信息量受到一定限制。而在互联网上做广告,由于信息空间无限大,可以通过文字、图片等的组合,增强趣味性,吸引更多的消费者。网络上有无限多网页,每一个网页包含许多内容,消费者可以挑选感兴趣的网页浏览。

2.监测效果强。传统媒体的广告传播都是单向传播,广告受众被动地接受广告信息。而互联网不同,由广告受众自己决定是否浏览某一网页的信息,网络商可根据受众的需要,为他推送他所需要的内容。互联网的这种互动性有利于精确统计接触广告的消费者人数及次数,便于监测并及时改善广告投放效果。

3.动态效果好。互联网广告的形式多种多样,既可以是文字、图像、声音,也可以是将文字、图像、声音整合在一起的集成化信息,运用文字的闪烁、滚动、变形,以及声音、视频、动画、游戏等各种技术手段,使广告的动态化效果增强,还可以应用虚拟现实技术,把广告受众带入"虚幻的现实世界",使其能够看到、听到,甚至触摸、翻转商品。

参考文献

［1］Allan William, Paul Dobson, Mike Walters. Changing Culture：New Organizational Approach［M］. London：Chartered Institute of Personel & Management, 1989.

［2］Pamela S. Lewis, Stephen H. Goodman, Patricia M. Fandt. Management：Challenges in 21st Century［M］. Stamford：Cengage Learning, 1980.

［3］［美］威廉·大内. Z理论——美国企业界如何迎接日本的挑战［M］. 北京：中国社会科学出版社, 1984.

［4］［美］理查德·帕斯卡尔安东尼·阿索斯. 日本企业管理艺术［M］. 陈今森译. 北京：中国科学技术翻译出版社, 1984.

［5］［美］埃兹拉·沃格尔. 日本的成功与美国的复兴［M］. 韩铁英等译. 北京：生活·读书·新知三联书店, 1985.

［6］［美］托马斯·彼得斯, 小罗伯特·沃特曼. 寻求优势：美国最成功公司的经验［M］. 管维立译. 北京：中国财经出版社, 1985.

[7][美]托马斯·彼得斯,小罗伯特·沃特曼.成功之路——美国最佳管理企业的经验[M].北京:中国对外翻译出版公司,1985.

[8][日]松下幸之助.实践经营哲学[M].滕颖编译.北京:中国社会科学出版社,1989.

[9][美]特雷斯·E.迪尔,阿伦·A.肯尼迪.企业文化:现代企业的精神支柱[M].唐铁军等译.上海:上海科学技术文献出版社,1989.

[10][美]帕米拉·S.路易斯,斯蒂芬·H.古德曼,帕特西亚·M.范德特.现代管理学·英文版[M].第2版.大连:东北财经大学出版社,1998.

[11]林国建.企业文化概论[M].哈尔滨:哈尔滨工程大学出版社,1999.

[12]罗长海.企业文化学[M].北京:中国人民大学出版社,1991.

[13]韩文辉,吴威威.国外企业文化理论主要流派述评[J].哈尔滨工业大学学报(社会科学版),2000(4):121-125.

[14]刘光明.企业文化[M].北京:经济管理出版社,2002.

[15]管玉琼.中日企业文化之比较研究[D].对外经济贸易大学硕士学位论文,2004.

[16]杨红军.非正式制度与企业文化研究[D].吉林大学博士论文,2004.

[17]李健.论企业文化建设的基本原则[J].云南民族大学学报(哲学社会科学版),2005(3):22-25.

[18]汪岩桥."文化人"假设与企业家精神[D].同济大学经济与管理学院博士学位论文,2005.

[19]于晓东."牛"眼看世界:牛根生引导的蒙牛企业文化观[J].现代企业文化(上旬),2008(6):88-88.

[20]陈兰芬.基于企业文化的员工薪酬制度设计[D].武汉科技大学硕士学位论文,2008.

［21］徐耀强.中外企业文化十大类型解说(上)[J].中国电力企业管理,2009
　　　(28):70-71.

［22］天舒.通用电气的"情感管理"[J].东方企业文化,2011(10):40-41.

［23］祝宝江,蒋景东.企业文化[M].杭州:浙江大学出版社,2012.

［24］王成荣.企业文化管理(第三版)[M].北京:中国人民大学出版社,
　　　2012.

［25］施连花.论企业文化建设与导入CIS的联系与区别[J].东方企业文化,
　　　2013(16):74-75.

［26］钟果.基于企业文化的主题展馆设计研究——以长庆油田采油五厂展
　　　馆方案为例[D].西安建筑科技大学硕士学位论文,2013.

［27］张德,潘文君.企业文化(第三版)[M].北京:清华大学出版社,2018.

［28］丁雯.企业文化基础(第三版)[M].大连:东北财经大学出版社,2018.

［29］王怀文.刍议国有企业思想政治工作和企业文化建设的融合[J].知识
　　　经济,2009(8):91-95.

［30］艾亮.企业文化建设研究[D].天津大学博士学位论文,2012.

图书在版编目（CIP）数据

　企业文化建设要素框架 / 周斌著.—杭州：浙江
大学出版社，2020.12(2021.3重印)
　ISBN 978-7-308-20746-1

　Ⅰ.①企… Ⅱ.①周… Ⅲ.①企业文化—研究 Ⅳ.
①F272-05

　中国版本图书馆 CIP 数据核字(2020)第 218123 号

企业文化建设要素框架

周　斌　著

策划编辑	顾　翔	
责任编辑	张一弛	
责任校对	顾　翔	
封面设计	周　灵	
出版发行	浙江大学出版社	
	（杭州市天目山路 148 号　邮政编码 310007）	
	（网址：http://www.zjupress.com）	
排　　版	杭州中大图文设计有限公司	
印　　刷	广东虎彩云印刷有限公司绍兴分公司	
开　　本	710mm×1000mm　1/16	
印　　张	13.75	
字　　数	180 千	
版 印 次	2020 年 12 月第 1 版　2021 年 3 月第 2 次印刷	
书　　号	ISBN 978-7-308-20746-1	
定　　价	48.00 元	